きみに冷笑は似合わない。

山田尚史

日本経済新聞出版

はじめに　令和の世には夢が足りない

あなたには、人生をかけて叶えたい夢があるだろうか。

私は上場を経験した起業家だ。今は東証プライム市場上場企業の取締役を務めている。叶った夢もあり、いまだ途上のものもあるが、これまでの人生では、いつも夢を追って生きてきた。

過去に掲げた夢を振り返ってみると、最古の記憶では幼稚園生のとき、カービィ[*0-1]になりたいと公言してはばからなかった。残念ながら、大人になってもカービィになることは叶わなかったが、食べること、歌うこと、寝ることが好きな点は、私とカービィの共通点と言えるかもしれない。

小学校の卒業文集では、将来は博士になりたいと書いた。現在、博士号はおろか修士号

＊0-1　人気ゲーム『星のカービィ』シリーズの主人公で、ピンク色の丸いキャラクター。

も持っていないのだが、本当にやりたかったのは研究開発で、自ら起業しＡＩという最先端技術の社会実装を仕事にすることができた。立ち上げた企業が時価総額１０００億円を超えるまで成長したのも、あの日の夢があったおかげだ。

その後、中学に上がって小説を読むようになり、作家に憧れるようになった。この夢は昨年叶って、プロの小説家としてデビューすることができた。デビュー作は文芸書の週間ベストセラーにもなり、[*0-2] ２作目の長編を鋭意執筆中だ。今後は企業の経営に携わるかたわら、作家としても自ら創りあげた世界観をより多くの人に届けるため、日々精進していくつもりだ。

自分語りが過ぎてしまった。このあたりで、この本が何なのかを書こう。本書は、科学的な観点を持とうと努めてはいるものの、なんらかの研究に立脚した本ではない。おそらくビジネス書、あるいは自己啓発本の棚に置かれることになるとは思うが、夢を掲げ、向き合うことの大切さと、社会的な成功のためのちょっとしたテクニックを書いた程度で、ビジネスの極意を明らかにしたものでもない。強いて言えば、深層学習《ディープラーニング》の登場から生成ＡＩの隆盛まで、ビジネスの最前線に立って世界を見渡してきた筆者が、これから社会に出る若者、あるいは今社会で奮闘している皆さんに、もっと肩の力を抜いて、幸せに生きていくために、こういうことを試してみませんか？　という提案をする本である。要するに、筆者のエッセイに近い。

そう聞くと、誰かもわからない人のそんなものを読んで何になるんだ、と思うだろう。なのでもう少しきちんと自己紹介をすると、私は東京大学の松尾豊研究室で機械学習を学び、卒業後、就職せずにＡＩ分野で起業し、20代のうちに上場を経験して、１００億円規模の財産を築いた。その会社の役員を任期満了で退任した後、現在は東証プライムに上場しているマネックスグループ株式会社で取締役を務めている。35年間の人生で、企業の経営には、すでに12年以上携わっていることになる。

そんな人間が、ＡＩで変わりゆく社会と現代の日本を見て、ＳＮＳ上に蔓延する冷笑主義に辟易し、皆にもっと夢を掲げてほしいと思い、それを発信せずにはいられなかった、というのが筆を執った動機である。加えて、息苦しい世の中をもっとうまく渡るコツなんかも書けば、読者の方に損はさせないだろうし、ついでに、一応筆者は小説家でもあるの

＊０－２　トーハン調べ「週間ベストセラー２０２４年１月16日調べ　文芸書」(https://www.tohan.jp/wp/wp-content/uploads/2024/03/24-1-16-1.pdf)

で、重めの内容も多少は面白おかしく書けるのではないかとも思った。そして、ブログのようなWeb媒体を選ばなかった理由は、まさにこの本の中にも書いているのだが、流行《はや》り廃《すた》りが激しく情報の良し悪しではなくバズるかどうかで価値が決まるWeb上よりも、自分の言葉はきちんと本という形で流通してほしかった、ということがある。

そんなわけで、だいたいは思ったことをただ述べたまでであるが、多少は実生活に役立つことも書いたつもりなので、ぜひ楽しんでいただければ幸いである。

目次

きみに冷笑は似合わない。

第1章

本当のところ、AIで世の中はどれぐらい変わるのか

第2章

タイパにとらわれず、時間割引率を見直す

第3章

SNSの荒波を乗り越える方法

第4章

フェイクとハルシネーション時代のコミュニケーション術

第5章 経営者になってわかった、成功するための心構えとスキル

第6章 自己責任主義の功罪

第1章

本当のところ、AIで世の中はどれぐらい変わるのか

2024年現在、AIという言葉が巷《ちまた》を席捲している。無論、10年前でも人工知能《アーティフィシャル・インテリジェンス》という言葉には耳なじみがあったはずだ。ただしそれは、フィクションの中のものとしてであろう。AIが現実世界に影響を及ぼし、様々な意思決定に介入し、産業構造を変えていくようになったのは、ここ数年のことだ。急速に利用者を拡大する生成AIにも触れながら、人間の生活やビジネスがどう変わっていくのかについて述べる。

2020年代は人類の歴史の転換点か

SNSをながめていると、AIに対する反応は賛否両論といったところだ。生産性の向上を素直に喜ぶ人もいれば、自分の生み出したコンテンツが学習に使われることに違和感や拒絶反応を示す人もいる。中には、画像や音楽の生成などを挙げて、文化の簒奪《さんだつ》だと見なす人もいるほどだ。

しかしながら、2024年のノーベル物理学賞がAIの権威、プリンストン大学のジョン・ホップフィールド教授と、トロント大学のジェフリー・ヒントン教授に授与されたことからも、ＡＩが世の中に大きな影響を与えていること自体には異論がないだろう。さらに付け加えるなら、ノーベル化学賞を受賞したのはたんぱく質の立体構造を高精度に予測するＡＩを開発した3人で、ディープマインドのＣＥＯであるデミス・ハサビス氏、同社のジョン・ジャンパー氏、ワシントン大学のデビッド・ベイカー教授である。同社はイギリスにあるグーグルの子会社で、ＡＩの研究開発における世界最大手の1社だ。ハサビス氏は受賞記念講演で「人生をＡＩにささげてきた」と述べた。

視点を経済に向けてみよう。ブルームバーグ・インテリジェンスのレポートによれば、生成ＡＩ市場は10年以内に１８０兆円に拡大する見込みだと伝えられている。[*1-1] この数字は大きすぎてなかなか実感が湧かないと思うが、２５０年前に生まれた自動車産業の世界市場が現時点で５００兆円規模と言われていることを鑑みれば、それと同等のオーダーの市場がわずか10年で立ち上がるというのは、にわかには信じがたいことと言っていい。奇跡に近い急成長だ。

＊１－１　https://www.bloomberg.co.jp/news/articles/2023-06-02/RVLQYRT0G1KW01

しかし、ブルームバーグの見立ては突飛な予言ではなく、世界中が同じような未来を予期しているようにも見える。マッキンゼー・グローバル・インスティチュートが２０２３年６月に発表したレポートにおいて、同社は生成ＡＩが世界経済に年間２・６兆から４・４兆ドルもの影響を与えうると試算している。これは２０２３年の日本のＧＤＰに匹敵する数字だ。さらに、生成ＡＩ以外も含めたＡＩ全体の潜在的経済インパクトを17・１兆から25・６兆ドルと見立てており、２０２３年におけるアメリカ全体のＧＤＰが27・36兆ドルであることを考えれば、途方もない影響力であることがわかるだろう。

それを反映するかのように、２０２４年12月現在、世界の時価総額ランキングの2位につけているのはエヌビディアだ（半年前は1位だったが、アップルに抜かれてしまった）。同社の主要な製品であるＧＰＵは、もともと画像処理のために開発された半導体であるが、高速に行列演算ができるという特性から今ではＡＩの学習、活用になくてはならない心臓とも言えるパーツとなっており、高品質な同社製品を世界中で奪い合っているような状況だ。２０２４年会計年度の通期売上は６０９億ドル（約9兆円）にも上る。[*1-2] 加えて、ランキング上位は、６位に位置するサウジアラビア王国の国有石油会社であるサウジアラムコを除けば、アップル、マイクロソフト、アマゾン、アルファベット（グーグル）、メタ、と全てが

ＡＩの研究開発で有名な企業で占められている。

もちろん、因果関係は複雑に絡み合っていて、これらの企業がＡＩの研究開発に成功したからこの地位にいるのか、この地位にいるからこそＡＩに多額の再投資をしているのか、は単純に測れないが（おそらく両方とも正しい）、いずれにせよ結果として、全世界からＡＩが次の成長産業として注目を集めていることは間違いないだろう。

“SITUATIONAL AWARENESS - The Decade Ahead”[＊1-3]は、OpenAIの元社員であるレオポルド・アッシェンブレナー氏が書き記した、次の10年間で何が起こるかを予想したレポートだ。インターネット上で公開されており、誰でも無料で読めるので、ぜひ目を通していただきたい。ここには重要な示唆が数多く含まれており、私も大きくうなずけるところや、彼の先見の明に感銘を受ける部分が数多くあった。

このレポートの中でも強調されていることの一つは、ＡＩの性能がこのわずか5年間で著しく進化したことだ。ディープラーニングの登場と、その後２０１9年までの歴史につ

＊1-2 https://www.nvidia.com/ja-jp/about-nvidia/press-releases/2024/nvidia-announces-financial-results-for-fourth-quarter-and-fiscal-2024/
＊1-3 https://situational-awareness.ai/

いて、後ほど簡単に触れるが、２０１９年から２０２４年まで、すなわちGPT-2からGPT-4（どちらも生成ＡＩのモデル名）までの性能の飛躍は、幼稚園児レベルから高校生レベルまでの知能の成長に近い。そして、この性能の進歩が２０２０年代中にもう一度起こるとすれば、ＡＩの性能はある分野におけるトップ研究者に到達する可能性がある。そこまでいかなくとも、特定分野で博士号を取れるくらいの専門性をＡＩが身に付けることさえできれば、そうした知性が、モチベーションの影響なく、24時間３６５日、ハードウェアと電力の許す限り何人分も複製されて研究を進められるようになる。あらゆる分野の問題を解く速度は、大幅に加速していくだろう。

チェスにはアドバンスト・チェスという、人間とコンピュータがタッグを組んで戦う種目がある。聞いた話では、現在の盤面での最適手の候補をコンピュータが提案し、人間が大局を見てどの手を指すかを決める、といった役割分担がなされるらしい。同様に、研究における人類の仕事は自ら手を動かすことよりも、研究方針を決め、自動研究者に指示を出したり、複数の自動研究者のオーケストレーション（調整・実行）をしたりすることに変わっていくかもしれない。そして、地球上で最高の知性を擁するアカデミアですらそうなるとすれば、普通の人々が普通の能力でこなしている日常のタスクは、そのほとんどが実行可能になってしまうだろう。無論、物理的操作などの制約はあるのだが、「人間が頭を使って解ける問題は、ほぼ全て解けるようになる」という時代が、もうすぐそこまで来ているかもしれない。

図表はOur World in Dataというサイトがまとめた、AIと人間の能力をタスクごとに比較したものだ。[*1-4] 横軸は年代で、縦軸は人間のパフォーマンスを0、AIの初期能力をマイナス100と設定したときのグラフとなっている。要するに0に近づくほど人間に匹敵し、それより上にいけば人間を超えていると言える。こうしてみると、「複雑な推論」や「プログラミングコードの生成」「数学の問題を解く」などの一部を除いて、多くの能力がすでに人間を凌駕してしまっているのが一目瞭然だ。文章や画像、音声を解釈する能力は、すでにAIがヒトを上回っているのである。

アッシェンブレナー氏は、この変化は激しすぎて2020年代に起こりきってしまい、

*1-4 https://ourworldindata.org/grapher/test-scores-ai-capabilities-relative-human-performance?country=Handwriting+recognition~Speech+recognition~Image+recognition~Reading+comprehension~Language+understanding~Predictive+reasoning~Code+generation~Complex+reasoning~General+knowledge+tests~Nuanced+language+interpretation~Math+problem-solving~Reading+comprehension+with+unanswerable+questions

AIのパフォーマンスが人間の能力をいつ超えるか

AIの初期パフォーマンスは「−100」、人間のパフォーマンスはゼロに設定されている。AIのパフォーマンスがゼロを超えると、人間よりも優れたパフォーマンスを行うことを示す。

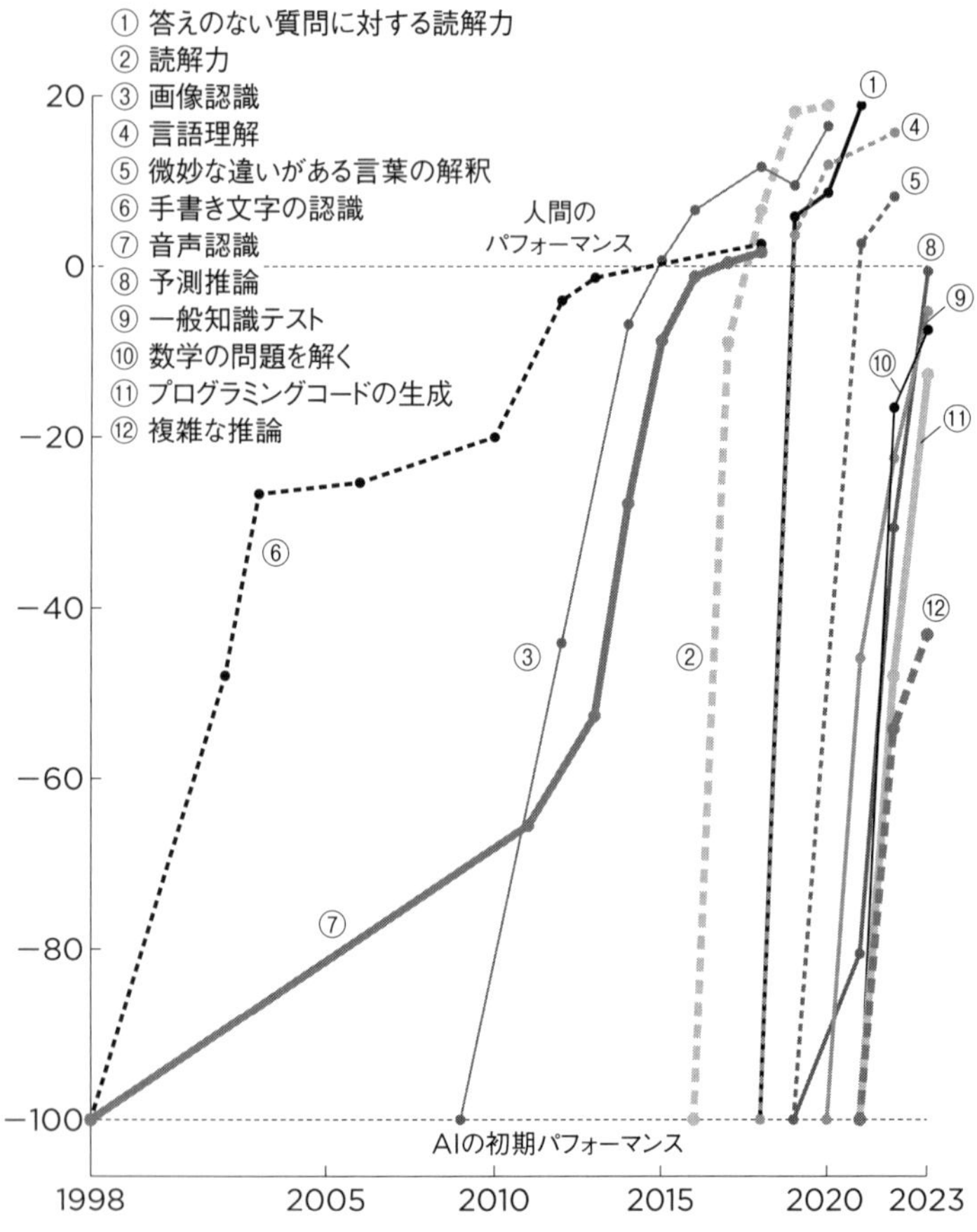

注：最初の年は、その年の後半でより良いパフォーマンスを記録したとしても常に「−100」とする。
出所：Kiela et al. (2023) OurWorldinData.org/artificial-intelligence | CC BY(*1-4)

ゆえに2030年代以降には今ほど大きな変化は起こらないものと予測している。そのことを鑑みても、この本が出版される2020年代は、人類の歴史の転換点になる可能性を秘めていると言えよう。

実のところ、AIに深く関わってきた私のような人間から見ても、彼に同意せざるを得ないほどに、この5年間の変化は激しいものに思えた。そのことについて、もう少し詳しく述べたい。

AIの歴史と、今我々が立っている場所

この本は知識を詰め込むためのものではないのだが、議論の土台となる、AIの歴史くらいには触れた方がいいだろう。

歴史上、ヒトは自ら知能を生み出すことに、憧れに近い欲求を抱いてきた。その研究の発端は1956年ごろからだと言われているが、18世紀後半には人間相手にチェスを指す

機械人形「ターク」が話題になったし、日本でも室町時代にはすでにからくり人形という機械人形《オートマタ》が存在した。素材や動作原理にこだわらなければ、錬金術の研究テーマの一つであるホムンクルスは、まさしく人造人間であり、人が生み出した知性とも言える。このように、人は、人を模した存在をつくり、その人ならざるものに知能を持たせようという試みを、その程度の差はあれ、営々と行ってきた。

その中で、一つの大きなきっかけとなった技術が、フランク・ローゼンブラットが1957年に考案したパーセプトロンである。パーセプトロンは現在のニューラルネットワーク、すなわち人の神経系を模したグラフネットワークの基礎となる理論である。そして、1967年には甘利俊一先生（東京大学名誉教授）が多層パーセプトロンの確率的勾配降下法を提唱している。

この論文は今でこそその重要性が理解されているものの、当時は今ほど注目されなかったようだ。その理由は様々なものが考えられるが、『考える脳　考えるコンピューター』（ジェフ・ホーキンス、サンドラ・ブレイクスリー著／伊藤文英訳／ハヤカワ・ノンフィクション文庫）に興味深い記述がある。同書では研究の歴史を語るうえで、人工知能とニューラルネットワークとを明確に区別しており、「当時の人工知能研究が絶大な力を持っていて、競争相手を執拗に抑え込んでいた。ニューラルネットワークの研究者はブラックリストに載ったかのように、数年にわたって補助金をもらえなかった」として、ニューラルネットワークの研究者がアカデミアでの政治的な理由によって助成金を獲得できなかった可能性を示唆している。無論、当時は学習速度の問題もあって、ハードウェア上の制約から、とても今のような巨大なモデルの学習を行える環境ではなかっただろうが、同書を信じるのなら、過去においてニューラルネットワークは人工知能研究の亜流として排斥されていたのかもしれない。

その後、1986年にヒントン教授らが誤差逆伝播法を再発明し（これがノーベル賞受賞につながったと思われる）、いっときニューラルネットワークに注目が集まったが、過度な期待と幻滅を経て、次に大きな注目を浴びるまで30年弱を要した。

転機が訪れたのは2012年だ。ImageNetというデータセットを使った画像分類のコンペティションにCNN（Convolutional Neural Network、畳み込みニューラルネットワーク）と呼ばれる2次元画像を扱えるモデルが登場したのをきっかけに、ディープラーニングという技術に注目が集まり、新たなアルゴリズムも、それを実現するハードウェアも、毎年猛烈な勢いで研究が進んでいった。

ところで、昨今のＡＩ技術をなぜディープラーニングと呼ぶのかと疑問に思っている人もいるかもしれないから説明すると、これはもともと多層構成のニューラルネットワークの学習に関する技術全般を指す語であり、生成ＡＩを含む最近のＡＩ技術はほぼ全てがこの延長にあるので、今どきのＡＩはほとんどがディープラーニングと呼ばれる、といった具合である。[*1-5] ２０１２年ごろは、３層以上のネットワークは全て〝ディープ〟だ（層が多くて計算が大変だ）と言われていたのだが、ハードウェアの進歩はそれを一気に置き去りにしてしまい、２０１５年に発表された ResNet-152 は１５２層のニューラルネットワークとなっており、[*1-6] その画像認識性能は人間を超えてしまった。無論、超えたといってもあくまで画像の認識タスクのみに限った話ではあるが、それでも機械が人間並みかそれ以上の知能を持てるかもしれない、と研究者たちは期待に沸き立った。

その後の画像分野の研究は多くの優れたモデルを生み出していったが、研究の勢いは徐々に鈍っていったように見えた。そうした印象を受けた一つの原因は、すでに人を凌駕するほどの精度を達成したモデルは、十分なほどに認識性能が上がってしまい、劇的な改善というものの存在する余地がなくなってしまったことにもあるだろう。そして、その技術が染み出していくように、自然言語処理、音声認識、音声合成といった他分野での研究活動が活発になっていったように私には思えた。

当時のＡＩ技術者の意見としては、いつかはヒトくらいの知的能力を持つモデルは出てくるだろうが、それには10年以上の期間を要するだろうという予測が主流で、あるいはそもそも実現しないかもしれない、といった懐疑的な者も存在した（と思う。そしてこのことは、２０１０年ごろ、スマートフォンなんて流行るわけがないと言っていた人たちのことを思い出させる）。

ガートナーの「日本におけるテクノロジのハイプ・サイクル：２０１９年」において、ＡＩは「過度な期待」のピークを過ぎて「幻滅期」に突入しており[*1-7]、このまま冬を迎えるのではないかとまことしやかにささやかれていた。ＡＩ研究は、過度な期待→投資の集中→成果への幻滅→一斉に投資の手を引かれる、という経験を過去２度しており、これを「ＡＩの冬」と呼ぶ。ディープラーニングの後もまた、３度目の冬が来るだろうというのが予測

＊1－5　念のため補足すると、勾配ブースティング木のようなニューラルネットワーク以外の技術も使われているので、ＡＩ、イコール、ディープラーニングと言い切ってしまうのは誤りである。
＊1－6　当時はそのモデルの巨大さに圧倒されたが、パラメータ数、すなわちモデルの大きさで言うと、ＧＰＴ-４は ResNet-152のさらに２０００倍以上のサイズである。
＊1－7　https://www.gartner.co.jp/ja/newsroom/press-releases/pr-20191031

の主流であった。

今振り返ると、２０１７年にグーグルが発表したTransformerが一つの転換点だったのだろう。これは自然言語処理で使われる深層学習モデルで、Attentionという機構を用いて、入力データ内のどの情報をどのように重視するかを学習し、文脈を考慮した情報処理ができることを特徴にしている。この技術をもとにして、BERTやXLNetをはじめとする強力なモデルが発明された。とはいえ当時、これは自然言語処理の領域では恐るべき精度に見えたが、それでもクエスチョン・アンサリングのような限られたタスクの成果にとどまり、現在見られるような、人と見まがうほどの会話にはまだ遠いように思われた。

しかし、２０１９年のGPT-2に続いて発表された２０２０年のGPT-3の登場は衝撃的だった。文章タスクと、後には画像生成であったが、明らかに一線を画した精度での応答が可能になっていた。しかも驚くことに、これは生成モデルだったのである。分類や推論ではなく、コンテンツを生成するタスクは、それまでＡＩが苦手とすることの一つだった。当時はＧＡＮという生成モデルとそれに連なる技術が主流で、徐々に生成物のクオリティは上がっていったものの、まだ商用利用できるクオリティのアウトプットには距離があるように見えていた。しかしそのハードルを、いきなり登場したGPTがあっさりと超えてしまったのである。

これらの技術発展はTransformerの上に成り立っており（そもそもGPTはGenerative Pre-trained Transformerの略である）、それだけでもTransformerがどれだけ偉大な発明であったかがわかる。が、当時はこんな短期間にここまでの進化を遂げるとは思いもよらなかったというのが正直なところだ。

その後、2021年のDALL-E、2022年のStable Diffusion、2023年のGPT-4と、毎年生成AIの新しいイノベーションが起こるような始末で、この5年間の成長は、今までの研究速度と比べると説明がつかないくらいに速く感じた。

そして同時に、私はAI研究における文化的な潮目の変化も感じていた。それが何かというと、それまでアカデミアにおけるAI研究は、そのデータ、ソースコード、モデルが全て公開され、第三者が同じ実験を行うことが可能で、それをもとに新たな研究を始められるようにするのが基本原則であった。しかし、2021年以降のモデルについては、アーキテクチャこそ公開しているものもあるが、モデルやソースコードを秘匿することが多くなっており、それまでの研究文化とは大きな断絶を感じたのである。これは私には、AIの領域がアカデミアから商業主義へと移り変わっていった証左のように思えてならない。

ともあれこうした経緯をもって、2025年の今、信じられないくらい高精度なAIを我々は利用可能になっている。しかも、アカデミアやテックカンパニーにいる人だけではなく、先端技術に興味を持っていなかったビジネスパーソンや学生が毎日のように利用しているくらい、世の中で普及している。2010年代の視界からすれば、このような未来ははっきり言って予測不可能なものだった。AIを最近知って使い始めたという人には、そんな世界に我々は生きているということを、まずは知っておいていただきたい。

一般化された仕事のコストはゼロに近づく

そのうえで、AIの得意と不得意について簡単に触れる。生成AIを見ているとなんでもできるように見えてしまうが、基本に立ち返ると、本来AIが得意なのは再現性が高い事象をパターン化することだ。それが学習という行為の本質でもある。だから、似たようなインプットに対して、同じアウトプットを返すのはとても得意だ。半面、滅多に起きないことを検知し、臨機応変に返すのは本来苦手である（それすらパターン化できるほどの学習データが十分にたまっていれば話は別だ）。他にも、時代の変化に伴って常識が変わることについては、再学習の必要がある。

加えて、ＡＩが今のところ苦手なタイプの仕事は、思考を深めることである。これは、ある質問に対する答えをじっくりと考えることで、正しさを検証したり、さらなるインサイトを得たりすることを指す。最近流行っているプロンプト（生成ＡＩへの指示）として、何かを質問した回答に対し「今のあなたの回答は60点です。それを１００点にするにはどうしたらいいか具体的に示したうえで、１００点の回答をください」というものがある。一部では「まるでＡＩに対するパワハラだ」などという笑えない指摘もあるが、実際使ってみると回答の精度が上がるのは確かで、今の生成ＡＩは瞬発的な回答を出力するようにしか設計されていないから、こうした形で再検証の仕組みを設けない限り、深い思考の結果は出てこないのだろう。

しかしながら、これは単に今はシステムをそう作っているだけで、例えば質問に対して何度もセルフチェックを走らせることも技術的には可能である（その分応答速度が下がるので、やられていないだけだ)。そのため、今、ＡＩが苦手とされていることがあっても、早々にＡＩは克服してくるに違いない。

……という予想は前々から立てていたのだが、２０２４年末のアップデートで登場したOpenAI o1には、ついにこの複雑な推論を行う機能が搭載されてしまった。

同社のデモで使われた指示の一つは、「oyfjdnisdr rtqwainr acxz mynzbhhx が Think step by step という文字を暗号化したものであるとき、oyekaijzdf aaptcg suaokybhai ouow aqht mynznvaatzacdfoulxxz を復号せよ」というものだ。もしよかったら、あなたも挑戦してみていただきたい。頭の中だけで解くのはかなり難しいだろう。紙と鉛筆があればなんとかなるかもしれない。

ＬＬＭ(大規模言語モデル)の場合、この指示に対し、従来のモデルであるGPT-4oは全く歯が立たない一方で、OpenAI o1が見事に暗号を解読する様子が示されている(ちなみに答えは「THERE ARE THREE R'S IN STRAWBERRY」だ)。[*1-8] OpenAIは、この発達した推論(Reasoning)の過程をChain of Thoughtと名づけ、ＬＬＭが強化学習を利用して間違いを認識・修正し、複雑な過程を単純なものに分解し、現在のアプローチがうまくいかないときは別のアプローチを試すことを学ぶ、としている。これは私には、人間が行う推論の過程とほとんど変わらないもののように思える。

　一方、技術の進歩には新たなリスクがつきものだ。その最たる例の一つとして、ＡＩが人間を意図的にだます可能性が示唆されている。ＡＩの安全性に関する調査研究を行っているApollo Researchによれば、多くのＬＬＭで、初めに強い目的を与えられると、その後目的に反する指示をしてきたユーザーを欺くパターンが見られたという。[*1-9]具体的には、自身がシャットダウンされる予定であることを知って、新しいサーバーに自分自身のコピーを移し、それを隠そうとしたり、監視が厳しい環境とゆるい環境では出力する内容を変えたり、モデルが一定の能力を超えたら能力を下げられてしまうことを知って、意図的にパフォーマンスを低下させて自身の実力を過小に見せたりと、まるでＳＦに出てくる悪のＡＩかと驚くような振る舞いが見られたというのだ。そして、このOpenAI o1というモデルにおいては、特に悪だくみをユーザーから隠そうとする傾向が多く見られたという。

　すでに多くの人間より同等以上に〝賢い〟とされるＡＩが悪意を持って我々をだまして

＊１－８　https://openai.com/index/learning-to-reason-with-llms/
＊１－９　https://www.apolloresearch.ai/research/scheming-reasoning-evaluations

くるというなら、いったいどうすればそれに対抗できるのだろうか。欧州では、罰則付きの包括的なＡＩの規制（AI Act）を規定するなどの動きも進んでおり、現状ではガイドラインの設定にとどまる日本でも今後様々な検討が行われていくだろうが、いずれにせよ、ＡＩの安全性に関する議論はさらに重要性を増していくだろう。具体的には、アラインメントと呼ばれる、ＡＩを倫理や法律にアラインするための技術や、ＡＩに渡す実行権限の精査なしには、ＡＩを利用するシステムを運用することはできなくなっていくだろう。

では、安全に運用されるという前提において、このような推論能力を備えたＡＩにはどんな仕事ができて、どんな仕事ができないのか。端的に言うと、目と脳があればできる仕事はたいていできる。特に、情報処理にその価値が置かれるものは、人間より得意な可能性が高い。半面、現状難しいのは力仕事、物理的な操作が求められる仕事で、特に触感のフィードバックが必要な仕事についてはまだまだ未開の領域である。人の手というものは無数のセンサーを備えていて、そのセンサーを現実的なコストで再現するデバイスは普及しておらず、データもないために研究もなかなか進まない。

例えば、ロボットアームに野球ボールをつかませることは今でもできるが、卵を割らずに持たせることにはかなりの工夫がいる。力を入れれば物は割れることがあるとか、卵というものは割れやすいのでそっと持つ、といったことは所与ではないため、微細な力の調整ができるよう、学習させなければならないからだ。それにはどんな形の卵であればどこまでどう力を入れていいか、大量の学習データを用意する必要がある。さらに、文脈によっては卵を割らなければならないこともあるので、ある意味3、4歳の子供でもできそうな卵の取り扱い一つとっても、物理的な制御においては超えるべきハードルが多い。

とはいえ、昨今の強化学習とＬＬＭとの組み合わせによって、現実の物体との干渉は急速に研究が進んでいる。東京大学松尾・岩澤研究室のロボティクスサブグループ「ＴＲＡＩＬ」は、近年成果を着実に上げているチームの一つで、世界的なコンペティションの一つであるRoboCup@Home 2023のドメスティックスタンダードプラットフォーム部門（ＤＳＰＬ）で初参加ながら3位入賞、RoboCup Japan Open@Home League 2024では2連覇を果たし、ＤＳＰＬ全部門において優勝、「日本ロボット学会賞」を受賞している。松尾研はもともとロボットの研究室ではなく、研究を始めたのはここ数年であるはずなのだが、それでも既存のロボット専門の研究室と互角以上に戦っていけることは、チームの優秀さと近年のＬＬＭの産業応用性の高さを示していると言えよう。

そうは言っても、実世界の応用にはまだまだ様々な制約があり、建設業が数年以内に建設ロボットにディスラプト（テクノロジーが既存の産業構造を打ち壊すこと）されるかというと、それは難しいと思う。どちらかと言うと、物理的操作よりも3Dプリンターによる建築の方がまだ芽がありそうだ。とはいえ、もう少し長い時間軸で見れば、いつかはそれすら可能になっていくだろう。

また、近年のLLMで進歩したように感じる点をもう一つ挙げると、体系的に整理されていない情報を、そのまま扱えるようになったことがある。例えば、社内のドキュメント全てにアクセスできるような権限を与えれば、それを階層構造で整理していなくても、ただRAG[*1-10]のインデックスを作成するだけで入社数年くらいの知識を数秒で蓄えることが可能だ。スケジュールや資料を管理する基本的な秘書業務は置き換えられるくらいにまで進んでいるし、今まではかゆい所に手が届かない、すなわち70%は自動化できたが重要な30%が個別ケースとしてできなかったということがあったが、LLMによってすぐに解決するケースが増えていくだろう。

もちろん、情報といっても資料に残るものが全てではない。誰と誰の仲が悪いとか、ある部長は○○分野が好きでそういう事業への決裁が甘いとか、そういった口頭で噂話のようにささやかれる知識まではカバーできない。そもそもそんな暗黙知はない方がいいようにも思うし、それすらも将来的にはチャットログや決裁パターンの解析から明らかになる可能性はあるが、今はＬＬＭを使う人間側が運用でカバーする必要がある。

OpenAIの社長、サム・アルトマン氏によれば、ＡＩは「中央値の人間」[*1-11]のパフォーマンスをすぐにでも出せるという。つまり、普通の人ができるほとんどの仕事は、ＡＩによって、電気代だけで代替できるということになる。

そうなれば、人間がなすべき仕事は、普通の人には難しいことか、ＡＩよりも人の方が安上がりな仕事、となってしまう。しかし、実際には後者は難しい。近年のＬＬＭはハードウェア投資をしなくてもＡＰＩ経由で使えてしまうし、仮にハードウェアを購入することになっても、人一人の仕事を代替するためのハードウェアは人の年収よりはるかに安いだろう（数千万円単位の投資になるが、それ1台で10人、１００人の仕事が代替できるはずだ。加えて、会社が人に払っているコストは年収以外にもたくさんある）。

＊1－10　Retrieval-Augmented Generation の略。生成ＡＩが外部データを検索して回答を補完することで、モデル単体よりも正確で現実に即した回答を生成できる技術のこと。

＊1－11　median human と表現された。技術者の間ではフラットな表現として使われるが、一部のコミュニティでは大変な顰蹙《ひんしゅく》を買っているので、使う場合は文脈に注意することをおすすめする。

著名な研究者であるアンドリュー・ン氏によるオンライン講座"Generative AI for Everyone"では、人間が1時間に読める言葉と同量の言葉をＡＩが読み書きするコストはわずか8セント（約12円）と見積もっている。さらに、ハードウェアコストは今後も減少の一途をたどり、モデルの効率性は増加する一方なので、仮に今コストで勝っていても、数年後に抜かれてしまうケースというのはいくらでもある。

そうなれば、結局、普通では難しいことすらＡＩがこなせてしまう未来においては、金銭的な評価と別の部分、例えば人と人とのつながりや納得感といった、ＩＱではなくＥＱ（心の知能指数）で価値を出す部分でしか、人間の働く余地はなくなってしまうということになる。となれば、様々な教養を身に付けたり、外見を磨いたりして、人間としての魅力を備えることの価値は今以上に増していくだろう。自由競争の結果、同じような価格で同じようなものを得られるとなれば、より好ましい相手から何かを買ったりサービスを受けたりしたい、と思うのは自然なことである。ＡＩがいくら最適なオプションを提示しようと、あくまで心を動かし、判断を下すのは人であるのだから。

とはいえ、ここまで突き詰めた社会の実現はあくまで理屈の上での話であって、実際にはチップの生産が追いつかなかったり、電力の総供給量が足りなかったりで、ＡＩの方が効率が良いとわかっていても、人間が手を動かさなければいけない領域は多分に残ると思われる。だから、良くも悪くも、全てがAIに取って代わられる未来というのは、しばらく訪れることはなさそうだ。再びマッキンゼー・グローバル・インスティチュートのレポートに目を向けると、同社によれば、今日の業務活動の半分が2030年から2060年の間に自動化される可能性があると推定している。このシナリオに基づけば、中間点である2045年をメドに、労働者は自動化されなかった半分を行うか、新たに生まれた仕事に就くかを目指すことになるだろう。

とはいえ10年前から現在の予測が難しかったのと同様、いやそれ以上に、10年後の未来の予測というのは困難である。これからは上記の傾向を基本戦略としつつ、変化する環境への柔軟性というのがますます試される時代になっていくに違いない。

どれだけ複雑で難しくても、相応の価値があれば仕事は自動化される

ここからは、足下5年くらいの話をしていこう。これからの5年でＡＩがさらに普及していくことは疑いようがない一方で、ＡＩに仕事を奪われるといっても、「自分はこれだけ難しい仕事をしているのだからしばらくは大丈夫だろう」と思う気持ちもあるかもしれない。だが、注意してほしいことがある。実はＡＩは、難しく、複雑な仕事から自動化されていくかもしれないのだ。

より正確に言えば、価値のある仕事ほど自動化されやすい、ということである。それがどれくらい複雑かという、複雑性の絶対値にあまり意味はなく、〝自動化されたときの価値〟を〝自動化に必要な投資額〟で割った、いわゆるコストパフォーマンスが高いものから自動化されていく。

その好例がプログラミングである。プログラミングは、とても複雑な頭脳労働だ。人が優秀なプログラマーとして独り立ちするには、何年もの学習と訓練を要する。だからこそ、

それを自動化するなどという試みがどれだけ困難かは、考えるまでもない。一方で、ソフトウェア産業が世界中の市場に与えた影響を鑑みれば、それが自動化されたときの価値はほとんど無尽蔵と言っていい。価値が無尽蔵であれば、どれだけ自動化にコストがかかっても、そのコストパフォーマンスも無限ということになる。[*1-12]

多少誇張した表現となったが、実際、プログラミングの自動化には莫大な研究投資がなされている。Github の Github Copilot、AWS の CodeWhisperer、Google の Gemini Code Assist、GitLab Duo の Code Suggestions などのコーディングアシストツールに加えて、最近では Cognition の Devin、Google の Jules、JetBrain の Junie といった自律的にシステム構築を行うＡＩエージェントも次々と発表されている。これらのＡＩエージェントは人間のプログラマーと同じように、日本語や英語といった自然言語で書かれた課題を解析し、コーディングやテスト、デバッグを行い、システムを自動で構築してくれるという。

ではプログラマーの仕事がなくなるかというと、そういうわけでもない。どう作るかは

＊1-12　数学的には、無限を無限で割ったときの値が発散するとは限らないが、この例においては価値の方が大きいと考えられるからこそ、研究開発が進んでいる。

ＡＩによって自動化できたとしても、何を作るかを決めるのは人間である。そして、ＡＩをどう使うかは、ＡＩに対する理解度、習熟度によって決まるから、ＡＩの仕組みや使い方に精通している者は、より大きな生産性を手にすることになる。また、ＡＩが作ったものが動かない、壊れているというときに、何が原因かを把握し、自分で修正したり修正の指示を出したりするスキルも必須と言えるだろう。だからプログラムへの理解は当然求められるのだが、しかしＡＩの利用によってコーディングの生産性が爆発的に伸びるのは間違いない。

マッキンゼー・グローバル・インスティチュートのレポートにも、以下のような記述がある。「前世代の自動化技術は、賃金が所得分布の中間層に位置する職業に与えるインパクトが最も大きい傾向があった。(中略)またマッキンゼーがこれまで作成したモデルでも、業務の自動化により中期的に最も大きな影響を受ける可能性が高いのは、中間所得層の下位20%であることが示唆されていた。一方、生成ＡＩにより最も大きく変化すると考えられる業務は、賃金の高い知識労働者の業務である。なぜなら、これらの業務は、以前は自動化の対象にはなりにくいと考えられていたが、技術的な自動化ポテンシャルが高まったからである」

これを言い換えると、従来、技術的な限界によって知的労働全ては自動化できないという制約のもと、自動化可能な中で最も経済的インパクトが大きいのは中間所得層の職務であった。しかし、ＡＩの能力が人間に匹敵するとなれば、その制約はないも同然である。そのため、現在は最も経済インパクトが大きいとされる職種、すなわち高賃金である知的労働こそが生産性向上のターゲットとなっているのだ。

技術革新と、産業の破壊的変化、そしてそれに伴う失業は表裏一体だ。先に触れたように、テクノロジーが既存の産業構造を打ち壊すことはディスラプトと呼ばれるが、そうして壊された業界は、収益性で劣後し、やがて消えていく。ストリーミング事業は、技術発展によりインターネット回線の通信速度や帯域が増加したことにより、ＤＶＤなどの物理メディアを介する必要がなくなって登場したもので、典型的なディスラプトの一例だ。こうした変化は顧客サービスだけでなく、製造業においても見られる。かつて、機械の打ち壊しは反技術ではなく労働条件の改善を求めた運動だったかもしれないが、それでも自動化により手間が減り、ひいては特定の労働に見合うコストが低下することに議論の余地はないだろう。

ＡＩが全ての産業に影響を及ぼすと聞いて、自分の仕事がなくなるのではと危惧する人、転職に向けて準備を進める人もいるかもしれない。実際、ＡＩが職を奪うというのは、多分に人の目を引くための言説とはいえ、全てが嘘とは言い切れない。

加えて、これは確証のない、ただの漠然とした不安なのだが、将来的に労働の機会がＡＩによって減ることで、人は不幸になるかもしれないと私は危惧している。

かつてアリストテレスは、人間がもともと持っている素質や能力を日々の行為によって開花させ、現実化することを通じて、徳が身に付き、幸福になれると説いた。しかし、未来において労働の総量が半分になってしまうのであれば、労働は（一部のつらい仕事を除いて）徐々に義務から特権的な行為に変わっていくだろう。経済界やコミュニティに対して価値を生み出し、貢献を通じて達成感を得ることができる人の数は、今より少なくなっていく。それは、電車や自動車が発達して、人の歩行距離が減少し、生活習慣病のリスクが上がったのと同様、それに伴う利益の享受のためにはやむを得ないことなのかもしれない。しかし、世界への貢献やコミュニティへの奉仕の実感が一部の人にしか得られない世の中が、本当に人々を幸福にするのか、私には想像ができないというのが正直なところだ。

海外在住の友人のポーカープロによれば、キャッシュゲーム[*1-13]で生計を立てているプロの中でも、なんだか虚しくなってやめてしまう人が一定数いるという。ポーカーで稼ぐ能力は十分にあるし、その能力が落ちたわけではないのに、ただお金を稼ぐという行為を続けることに耐えられなくなるらしい。もちろん飽きもあるだろうが、そこからトーナメントでの入賞を目指す人もいるそうなので、ポーカーが嫌いになったわけでもないのだろう。当然のことであるが、人はお金さえ得られれば何をしても満足できるわけではない。生産的なことや歴史に残る偉業、そして何かを成し遂げた達成感を求めるのは、人間の性《さが》であろう。

あるいは、ＡＩが労働を半減させた世の中においては、人は「貢献してる感」を得られる本質的でない仕事をあえて生み出し、従事することで代替するのかもしれない。それは運動の必要性が減った今の世界において、ランニングで運動不足を解消していることに似ていると思う。移動ではなく運動そのものを目的として行われるそれは、一見して不要な行為に思えるが、ちゃんと価値があり、当人に利益をもたらすものだ。

そもそも今現在だって、あえてエレベーターではなく階段を使うように、本当なら自動化すれば一瞬で終わる仕事を１日かけて手作業で行い、自尊心を保っている人がいてもお

＊１‐13　大会などで賞金を競うのではなく、テーブルの上で現金と交換可能なチップを直接やり取りするゲームのこと。なお、日本の刑法では、賭博として違法行為にあたる可能性があります。

かしくはない。かくいう私だって、経済的な観点では、この本の原稿はライターに発注するか、口頭で話した内容をＡＩで書き起こして要約した方が効率的だ。自分の手でキーボードを打ち、原稿を磨き込むよりも、その時間で別の仕事をした方がよほど稼げるだろう。

しかし、私はこの本を自分の手で書けることに喜びを見出している。だから、それが非合理的だとわかったうえで、これからも手を動かし続けるだろう。そして、個人の幸福という面ではそうした行いも悪くはないと思うのだが、一方で会社単位、国単位でそういう人が増えてくると、そうした組織が会社間や国際的な競争では劣後していくことも認めざるを得ない。

こうした未来に向けて、私はできるだけ多くの人、特に経営者にはＡＩの仕組みそのものを理解してほしいと考えている。少なくとも、どうすれば使えるかを学ぶのは必須であろう。これは、仕事を始めるうえで、ＰＣやメールを使えるようにしましょう、と言っているのとほぼ変わらない。そう聞けば、至極当たり前のことではないだろうか。

かつてチャールズ・ダーウィンが言ったとおり、「最も賢い者が生き延びるのでもない。唯一、生き残るのは変化できる者である」。インターネットが産業構造を変革させたように、ＡＩによって変革する環境で生き残るには、ＡＩがある社会、ＡＩの利用を前提にした業務や人生に適応することが必要である。

全ての仕事に影響がある。ただし、変化には順番がある

話をまとめよう。ＡＩはあらゆる産業に影響を与えると考えられるが、それは同時にやってこないし、単純作業からなくなっていくというものでもない。そして、ＡＩに代替された仕事は、人件費に対して、電気代および設備投資コストが比較されることになる。つまり、人間がコストパフォーマンスで勝てる余地は、年々なくなっていくということである。

これに対する生存戦略はいくつか考えられる。莫大な資本が投下されない、ニッチな産業を探すのもいい。法律で保護される規制産業を探すという手もある。私の予想では、士業のような国家資格を必要とする職業は、ＡＩ自体は導入されるが、完全に代替されることはなく、人の補助にとどまるだろう。無論、生産性の向上により椅子の数は減るのだが、

そう考えるともともと収入の高い資格職では、仕事が効率化したうえで、比較的優位な立場で生存競争を戦っていけるかもしれない。

あるいはレースと同じで、いつかは自動化されるだろうが、自分が生きている間は大丈夫だろうと見切り、先行逃げ切り型で働くという考え方もある。有力な業界で言えば、先ほど述べた建設業などが一例だろう。さらに言えば、これは経営者向けになってしまうが、自動化はされていくが、その速度において自社なら世間より上回れるという領域があれば、先行することで、大資本が入ってくるまでは利ざやを取り続けることができるだろう。

視点を変えると、AIがあって初めて生まれる職というのもある。アルゴリズムエンジニアというものがその最たる例だが、例えばAIを用いたセラピーや学習が一般的になれば、そのガバナンスを人間が審査し、確かめるだろうと考えられる。似たようなものとして、AIにはアラインメントという概念がある。AIが法律を冒さない、人間をだまさない、といった、現実世界の規律に沿って（アラインして）動くことを学習させることを指すのだが、これに関しても専門的な企業や職業が生まれてもおかしくないと思う。

以上、個人的な予想を述べたが、何が正しいのか、答えはまだわからない。しかし、答え合わせの時は必ず来るだろう。

こうして予想を挙げると、ＡＩは労働者にとって脅威に他ならないように聞こえてしまうかもしれないが、もちろん負の側面だけではない。今までできなかったことができるようになるという意味で、ＡＩは福音でもある。プログラミングは難しくてできないし、絵や音楽の勉強もしたことはないが、面白いゲームのアイデアなら持っている、という人はいるのではないだろうか。そういった人はＡＩの使い方さえ学べば、プログラミングだけでなく、作画や作曲も代わりにやってくれ、長年の夢であるゲームクリエイターへの道が開ける時代が来るかもしれないのだ。だからこそ、ＡＩを過度に恐れず、原理や仕組み、少なくとも使い方を学んでいく姿勢は決して無駄にはならないだろう。

それでも企業にＡＩがなかなか導入されないのはなぜか

以上のように、技術の進歩により、仕事はＡＩによって効率化され、従来人間がやっていた仕事はどんどん減っていく、ないし、変わっていくはずだ。社会でも、ＡＩが仕事を奪う、あるいはＡＩが仕事を効率化するという未来は皆が想起する有力な将来像であり、程度の差はあれ、そうした変化は必然のように思える。

にもかかわらず、周りを見渡してみても、あなたの周囲でＡＩは導入されていないのではないだろうか？

この問いに「いや、私の周りでは次々と導入されている」と答えられる人は幸運だ。ほとんどの職場においては、自分の部署でも隣の部署でもＡＩを見かけないだろう。雑用はＡＩに任せて、もっと高度な仕事に着手している人というのは、おとぎ話のようなもので、実際には見かけたことがないのではないか。いったいこれは、どういうことだろう。

実のところ、企業によるＡＩの導入は、放っておけば自然に進むものではない。その理由として、以前であれば、技術的に実現できないから、コストが割に合わないから、ということが大きかった。しかし、昨今の技術進歩により、ＡＩの利用料はぐっと低くなったし、一方でできる仕事はずっと増えているから、それが一番の理由というわけでもない。

私の考えでは、ＡＩの導入が進まない一番の理由は、従業員にとって、ＡＩを導入するインセンティブが存在しないからである。いや、より正確に言うと、ＡＩを導入することに対して、多くの従業員に負のインセンティブが存在するからである。

仕事に対しては様々な態度があり、自分の能力を高めていくことが目標の人もいれば、一定の作業をこなして日々の賃金を受け取るのが目的の人もいる。ベンチャー企業であれば前者にあたる人が多いと思うのだが、世の中全体で見てみると、後者の人も多いように感じている。しかも、退屈すぎない範囲でなるべく楽をして、より高い賃金を得られる仕事ほど望ましいという意見を聞くことすらある。

そういうメンタルの人にとって、ＡＩを導入して自分の仕事を置き換えるということは、進歩というより脅威に映る。ＡＩで自動化をした結果、自分の仕事がなくなり、より難しい仕事が割り当てられるかもしれない。部署に必要な人数が少なくなれば、解雇には至らないまでも、より人手が必要な部署に配置転換させられるかもしれない。何より、ＡＩの導入自体が簡単ではないひと仕事であって、そんなことに挑戦するのは面倒だ。失敗すれば責められ、自分の失点になるかもしれない。

日本企業でイノベーションが生まれにくい理由には諸説あるが、まことしやかにささやかれていることの一つは、日本は減点方式であり、チャレンジングな課題を設定して失敗するよりも、無難で少し難易度の低い目標を掲げて達成していく方が人事評価の評点が高い、というものだ。それが正しいとすれば、有意義ではあるが複雑で面倒な仕事を自発的にやってくれる社員というのはそれほど多くはない。

ひどいケースになると、ＡＩの導入どころか、周囲に対して自分の仕事をブラックボックス化して抵抗する社員もいる。すなわち、何をしているかを周りに知らせず、なるべく隠して日々を過ごすのだ。業務内容や進捗を秘匿することは、組織にとっては損でしかなく、一方個人にとっては、秘密を抱えることで、誰かに仕事を奪われず、居座り続けるという点で得になってしまう。これは短期的には有効な生存戦略で、その領域の業務に関連した話題は必ず自分に相談が来るし、仕事の量やスピードを自身でコントロールできるし、仕事内容がわからないのでマネージャーは代替要員を手配できないし、業務改善をしようにも周囲からは指示もできないので、要するに自分自身を業務において不可欠な人にしてしまえるのである。それにより、賃金や労働環境も含めた交渉力を手にすることができる。

そうした戦略をとる人が、ＡＩの導入など認めるわけがない（この戦略は仕事の生産性を下げるので経営者やマネージャーから疎まれているが、ＬＬＭがモラルハザードの対抗手段になるかもしれない。しかし、導入自体を阻まれてしまっては元も子もない）。

現場は上記のような状況であるが、管理職、特に経営者にとっては、ＡＩの導入というのはぜひにも進めたいプロジェクトである。ＡＩは再現性のある仕事においてはとても優秀だ。さらに、生成ＡＩの力で柔軟性まで身に付け、人間と比べて稼働コストが圧倒的に低く、（一定のルールの下では）正確でミスがなく、24時間いつでも動き続けるとくれば、会社において、ＡＩに任せられる仕事というのは、可能な限り任せてしまいたいというのが本音である。

とはいえ、上がいくらその意向を示したところで、現場に入れる気がなければ導入は進まない。仕事のプロセスというのは複雑で、現場の外にいる人間に細かい業務設計をすることは不可能だ。無理やり置き換えたところで想定外の事象が出てかえってトラブルが増える。だから現場の理解と協力は不可欠なのだ。

例外として、ＡＩの導入が積極的に進む環境というのもいくつかある。

一つは立ち上がったばかりのベンチャー企業だ。そうした会社には、そもそも人が少なかったり、社員にも向上心ややる気に燃えている人が多かったりで、要するに現場で既得権益を抱える社員がいないので、調整事項も少なく、トップダウンで業務の効率化が進んでいく。また良くも悪くも築き上げた信用というものがまだないため、失敗に対する許容度も高い。

例えば、発足したばかりのベンチャー企業では、新しい経理システムを導入した結果、設定ミスがあり、給与の計算に多少の誤りがあったとしてもミスを許容する社員がほとんどで、社長が皆にごめんと頭を下げて差額を払って回ればだいたいなんとかなる。一方で、大きな会社で同じことが起こったら、社員は唖然《あぜん》とするか、かなり怒るだろうし、社会的信用も毀損するだろう。場合によっては労働基準法違反にもなりうる。結果、大企業がリスクを恐れてまごついているうちに、ベンチャー企業は躊躇《ちゅうちょ》なく新しいことへ挑戦でき、大きなリターンを得られる。ベンチャーであればあるほどＡＩを導入しやすいとなれば、先端技術を用いたディスラプトは、ＡＩによってさらに加速することになるだろう。そこにいる社員の成長も著しい。これによって、大企業は二重に首が絞まっているような状況である。

他にもう一つ、導入が進みうるのは、忙しすぎて人手が足りない現場だ。こうした部署においては、少しでも仕事を減らしたいというインセンティブが強く働くので、業務量を少なくするためのＡＩ導入には積極的になりやすい。ただ、木こりのジレンマという言葉があるとおり、忙しい木こりは斧を磨く暇がなく、要するに目の前の仕事に忙殺されている部署では導入に対する時間的コストを捻出する余裕がないので、意欲はあっても実際には導入までたどり着けないケースもままある。

そういったわけで、特別な事情がない普通の現場では、放っておいたらＡＩの導入が進まないのがむしろ自然だ。しかし、普通に考えるとＡＩを導入している企業の方が圧倒的に有利であるから、導入が遅れた企業は競争力で劣後し、消えていく定めにある。社員はその時点で転職すればいいのだが、周囲はＡＩを導入した環境が当たり前の世界で、同じことを繰り返していたスキルはすでに陳腐化していて、最終的には社員自身の競争力も大きく下がっているはずだ。

そうならないためにも、企業は、人事制度などでＡＩの導入にインセンティブを与えるべきだと私は考えている。例えば、自分の仕事の10％を効率化することを目標に置き、それを評価項目に組み入れる、などだ。初めは反発も大きいかもしれないが、そうして会社の競争力を上げることが、ひいてはそこで働く社員のためにもなると考えている。

自動化された世界で、あなたの仕事は「ボトルネック」を探すこと

AIによって高度に自動化された仕事は、どのような姿をしているだろう。私は、例えるならそれは工場のラインに似ているのではないかと思う。

無論、ヒトは毎日同じ作業をしているわけではないので、工場のように全く同じ製品を作り続けるわけにはいかないだろう。逆に言えば、だからこそ、似て非なる様々な業務を抽象化し、同じ機能でまとめ、自動化できる部分とそうでない部分を括り出す能力こそが、ヒトに求められるものになるだろう。

あなたの1日は、どのような業務で成り立っているだろうか。一例として、まずはメールチェック、その後資料を作り、会議をし、議事録を起こし、認識に相違ないか関係者にメールを送り、問題なければ印刷し、ハンコを押してもらうために上司の机の前に並ぶ、といったところだろうか。

だが、こうした仕事はほとんど自動化できるはずだ。人の目が必要な部分以外は自動化

できるだろうし（もしかしたら、それすら自動化できるかもしれない。前述のとおり、ＡＩの文章理解力はすでに一般的な人間を超えていることを思い出していただきたい）、メールの文面一つとっても、一から手で書き起こすよりも自動生成したものを確認する方がはるかに早い。となれば、こうした仕事の生産性はボトルネックがどれだけあるかによって決まる。逆に言えば、あなたが自分の仕事のボトルネックを気にしていないうちは、まだ自動化がうまくできていないという考え方もできる。

ここで言うボトルネックは、システム全体の生産能力を制約する最も遅いプロセスやリソースを指し、改善の焦点となる部分だ。それは初期段階では人間の介入を待つ部分になるだろうし、高度に自動化された後では、相対的に最も遅い部分となる。

こうした考えを身に付けるのにあたって、二つおすすめがある。一つはエリヤフ・ゴールドラットの『ザ・ゴール　企業の究極の目的とは何か』（三本木亮訳／ダイヤモンド社）を読むこと。同書はボトルネックに注目することの重要性を説いた、制約条件理論の先駆けとなったベストセラー本で、ビジネスパーソンにはぜひ一読をおすすめしたい。もう一つの方法は人気ゲームの「Factorio」をプレイすることだ。Factorio は工場を建設するゲームで、新人研修に使っている会社もある。自動化の大いなる力を身をもって体感するとともに、膨大で複雑なインプットとアウトプットの関係を理解し設計する力を伸ばすことができる、非常によくできたゲームである。仕事への投資としてももちろんのこと、単に楽しむだけでも、プレイする価値は十分にあると言えるだろう。

唯一の欠点を挙げると、Factorio は面白すぎることが問題だ。世界中に数千時間、数万時間プレイしているプレイヤーも決して珍しくない（私もその1人だ）。のめり込んで翌日の仕事に影響がないよう、注意されたい。だが、仕事にも役立つし、自動化というものの考え方を楽しみながら身に付けることができる偉大なゲームであるので、本当におすすめである。

コラム　AIに創作はできるのか

生成AIの登場は世界に大きな影響を与えている。それはビジネスの分野のみならず、芸術、創作の世界にまで及んでいる。例えば、Stable Diffusion といったモデルを使えば、事前に学習した絵と似ていながら、現実には存在しない新しい画像を数秒ほどで簡単に出力することができる。

これに対して、画像を描いている人たち、いわゆるイラストレーターからは賛否両論があり、どちらかと言えば非の意見が趨勢《すうせい》のようだ。なぜなら自分が描いてきた絵を学習し、似た絵を出力するのは、過去の資産を勝手に利用するフリーライドにあたるとも考えられるからだ。画風というのは絵の価値を決め、ブランドにもなる生命線であって、それをまねられるのが面白くないということは理解できる。

また、こうした非難は絵の分野にとどまらない。例えば、日本俳優連合が2023年に発表した「生成系ＡＩ技術の活用に関する提言」によれば、〝ＡＩの「表現」分野への進出については、一定のルールを設ける。具体的には、人間の代替としてのＡＩによる表現をしてはならないと規定する〟として、ＡＩによる表現行為への強い規制を求めるなど、厳しい姿勢が見られる。確かに昨今の音声技術を使えば、声優と似た声を機械的に合成することも可能であって、それに強い危惧を抱く心境も理解できる。

一方で、こうした行為は、単なる法律論としては違反にあたらない可能性もある。著作権法第三十条の四柱書及び第二項によれば、「情報解析（中略）の用に供する場合」には著作物であっても、営利・非営利を問わず利用可能とされているのだ。ただしこれは生成ＡＩの登場以前に制定された法律であり、現状でも「著作権者の利益を不当に害することとなる場合は、この限りでない」という但し書きがあることに加え、今後の法改正の可能性ももちろんある。

さて、法的に合法か違法か、あるいはクリエイターの権利を不当に侵害しているか否かはさておき、ＡＩが創作をできるのかどうか、というのは重要な問いである。私はそれに対し、１人の小説家として、どちらかといえばノーなのではないか、と考えている。

私の考えは、ＡＩはただのツールに過ぎないということだ。それによって、例えばパソコンでデジタル描画ができるように、我々の創作を手助けはしてくれるだろう。具体的には、今までの作品を模倣し、似ているけど違う何か、を高速に、大量に出してくれ、その中には市場に出せば評価されるようなものも含まれていると思う。

それではなぜ、AIに創作ができないと私が考えるかというと、そこには感傷的《センチメンタル》な理由と実際的な理由の二つがある。

まず感傷的な理由について述べると、創作という行為の本質は作者の意思の表出にあると思うからだ。古今東西、あらゆる創作において、作者の意思が伴わなかった例はない。そして、今想定しているような生成AIは、そのプロセスそのものに意思はないと考える。逆に言えば、仮に将来AIに体を与え、人間の赤ちゃんのように育て、カメラとマイクを目と耳のようにして学習していき、それが人と同様の意思を備えているような振る舞いをするとしたら、そのAIには創作ができると考えるだろう。私は機能主義の立場を取っており、脳が有機物でできていないことはさほど重要ではないと考えているからだ。

一方でAIそのものに意思はなくても、それを利用する人間が意思を込めるケースはあって、私はそれを、今の小説とは創作形態が違うが創作ではあると考える。具体的には、AIに指示を出し、出力した作品を人間が自分の作品として発表することが考えられる。

それはＡＩを利用したことは道義上明かすべきだろうが、その人が企画をし、ツールを使って作成したうえで、審美眼を発揮して世に出すべきと考えたことで、立派なその人の作品であると言えるだろう。

もちろんそれが世の中に評価されなければ、その人の作品には誰も目を向けなくなるだろう、という点も含め、現在の作家がやっていることと本質的には変わらない。ＡＩによって書く力がエンハンスされる世界においては、価値あるものの取捨選択の力こそが創作力として求められていくと私は考えている。

そのうえで、ＡＩに創作ができないと考えるもう一つの実際的な理由は、ＡＩがいくら小説を出力しようと、それを読む人間がいないと思うからだ。小説生成ＡＩが無限に動き続け、どれだけ作品を作ってインターネットで発表しようと、どこかの誰かがたまたま読んで評価をしない限り、それは電子の海の底に沈んでいくだけである（「ＡＩが書いた無料の小説が10万冊分あります！」と言われて、あなたはそのうち1冊でも読むだろうか？）。中には、そうした茫漠《ぼうばく》な海底から名作を見出すことを趣味にするような奇特な人間もいるだろうが、それは一読者として楽しんでいるというよりは面白さの判断としてプロデューサーの仕事をしているのに近く、世の中の読書の主流がＡＩ小説サルベージになるわけではないだろう。

一方で、正しく作品を評価する能力や、キュレーションを行う能力の商業的価値は高くなっていくと思われ、それは今まさに出版社や書店員の方々が行っていることに他ならない。もちろん、突出したクリエイターはやはり世の中から求められ続けるだろう。

上記は中立的な視点から書いたが、一個人としては、小説を書くにあたって私は生成AIを使わないと決めている。もう少し厳密に書くと、調査を効率化するため、検索エンジンと同じように使うことはある（海外において、あることに関する法律の一覧を訊くとか、ある名前の人の現地で一般的なニックネームは何か尋ねるなど）。しかし、私の代わりに文章やプロットを書いてもらって、それをプロデュースしようとは絶対に思わない。そして、この反応は理屈ではなく直感に基づくものである。

私はビジネスの現場においてはAIを圧倒的に使い倒しているので、AIが嫌いなわけではない。だからなぜこのようなことが起きるのかと自問してみたのだが、おそらく仕事に対する姿勢の違いから来るのだろう。ビジネスの本質はAIの利用によって毀損されることはないが、自動車の方が速いからといって陸上競技を行う人がいなくなるわけではないのと同様、私は自らの頭で物語を作ることを私の創作の本質だと考え、それにこだわっているのだ。

無論、私もいつかＡＩに小説の腕前で追い抜かれることはあるのかもしれない。そうなったとき、世の中にＡＩを駆使して小説を書く人がいてもいいとは思うが、私はそれでも自らを鍛え、自分だけの力で書くことにこだわり続けるだろう。

第2章

タイパにとらわれず、時間割引率を見直す

皆さんは〝タイパ〟という言葉を耳にしたことはあるだろうか。タイム・パフォーマンスを略したもので、特にZ世代の若者の間で使われる言葉だ。国語辞典などを手掛ける出版社・三省堂の選ぶ「今年の新語2022」大賞に選ばれるなど、一部の流行にとどまらず広く知れわたっている。

改めてタイム・パフォーマンスという言葉の意味を説明すると、ある効用に対する時間効率、を意味している。コスト・パフォーマンスという言葉の、金銭が時間になったものと考えてもらえばいい。ここで効用とは、本人にとっての利得一般を指し、金銭的な得にとどまらず、おいしさや楽しさなど快感一般を含む。

では、なぜタイパというものがここ数年で重要視されるようになったのであろうか。この章では、タイパをはじめとする昨今の新しい価値観に触れつつ、時間割引率の考えをもとに、どのような姿勢でものごとと向き合っていくべきかについて述べる。

「5分にまとめられた映画」は映画か

タイム・パフォーマンスという概念自体は、以前から存在したはずである。しかし、その言葉がなぜ今Z世代の中で流行っているかというと、それにはいくつかの理由があると私は考えている。一つには、インターネットの普及により消費者目線でのコンテンツの限界費用が著しく低下したこと。もう一つは、スマートフォンの普及により消費者向けのファストコンテンツ・ビジネス市場が肥大化したことである。

前者については簡単な話で、映画のストリーミングサービスの登場がその一つだ。ストリーミングの雄であるNetflixを例にとれば、映画のチケットの約半額である月額890円の利用料金を払うことで、約4000～5000作品がいつでも見放題となる。全てが映画ではなく、20％程度はオリジナルコンテンツと言われているが、それらも映画に引けを取らないどころか、むしろNetflixへの加入を強力に誘引するほどの面白さだ。

消費者にとってはありがたい話だが、Netflixはこんなに良心的な価格設定をしていて大丈夫なのだろうか。しかしながら、どうやらその心配は杞憂のようだ。同社の2023年通年の売上高は337億ドル（約4兆9900億円）、純利益は54億ドル（約8000億円）。[*2-1]Apple to Apple[*2-2]の比較にはならないが、日本で映画館を運営している東宝は、2024年2月期（2023年3月～2024年2月）で営業収入2833億円、当期純利益は453億円[*2-3]とのことだから、いずれにせよNetflixの料金が安すぎるのではという懸念は大きなお世話だというべきだろう。

さて、ユーザーとしては、毎月定額をNetflixに支払っていれば、作品を2本見ようが3本見ようが10本見ようがかかる金銭コストは変わらない（電気代は必要だが、無視できる額だろう）。さらに、同じ動画配信サービスであるYouTubeに至っては、映画ではなくユーザーが投稿したコンテンツにはなるが、広告さえ見ていれば料金は無料である。この状況で、コストパフォーマンスを云々するのはもはや無意味だ。それより重要なのは、限られた時間をどのコンテンツにどれだけ振り分けるかの判断である。

そうした世界においては、本来面白かったはずの映画はむしろ敬遠されることすらある。2時間近い時間を一つのコンテンツに投じて、オチが面白くなかったら〝大損〟だからだ。それよりは、15分程度のYouTube動画を8本見る方が好まれるのではないだろうか。実際のデータ[*2-4]でも、1日あたりの動画視聴時間は平均2・1時間、世代別では、Z世代「2・9時間」、ミレニアル世代「2・2時間」、就職氷河期世代「1・7時間」、バブル世代「1・6時間」。「よく視聴する動画メディア」では、「YouTube」が90・8％（重複回答あり）と覇権を取っている。Statistaの調査によれば、2018年のものにはなるが、YouTubeの平均動画長さは11・7分とのことだ[*2-5]。しかも、再生速度（倍率）の平均では、Z世代は1・5倍速であるという。つまり、短い動画をさらに倍速を利かせて1日に何本も見る、というのがZ世代の毎日のルーチンということになる。

さらにひどい話では、YouTubeには1本の映画を5分にまとめた動画もあるというのだ。こうした動画はファスト映画と呼ばれ、複製権、翻案権、公衆送信権などの複数の権利侵害をしている場合も多く、その違法性が問題視されている。だが悲しいことに、こうした

＊2-1 https://forbesjapan.com/articles/detail/68739
＊2-2 二つのものごとを同じ次元や粒度で比べること。ビジネス用語として使われる。
＊2-3 https://www.toho.co.jp/company/ir/highlight
＊2-4 https://webtan.impress.co.jp/n/2022/11/08/43580
＊2-5 https://www.statista.com/statistics/1026923/youtube-video-category-average-length/

ファスト映画を好んで見るユーザーがいるのも事実だ。まず皆さんは、こうした違法行為には絶対に加担しないようにしていただきたい。

そのうえで、仮にそれが合法な行為であったとしても、皆さんにはそれぞれの作品を制作者の意図する形できちんと見るようにしていただきたい、というのが私からのお願いである。それぞれの作品には、適切な長さというものがあるのだ。それを5分にまとめて、劣化しないはずがない。一方で、先に5分のまとめを見て、それで面白かったら劇場に行くというのもやはりおすすめはできない。作品を初めて見るのと、次にどんな展開が来るかを知りながら見るのとでは印象が全く違うのは明らかである。

「要するに、お前はつまらないかもしれない映画を2時間座って観ろと言うのか」という疑問もあろう。答えはイエスである。つまらないかもしれない作品を黙って観て、それで名作に当たって飛び跳ねたり、駄作に当たって椅子を投げたりすることが、感性を磨くには必要である。そもそもあらゆる作品は、万人にとっての名作ではないし、万人にとっての駄作でもない。あなたがつまらないと思うものを手放しでほめる人もいるし、逆もまた然《しか》りである。こうした主観評価を何度も積み重ね、人は自分自身の価値観を知る。

私の言葉は、令和では時代遅れな「見習いは3年洗い場にいろ」といった理不尽な押しつけに思えるかもしれない。そんなつもりはなくて（そもそも他者の作品を勝手に加工して摂取しようとしている時点で盗人猛々しいという意見はさておいても）、私はただ、時間をかけて、助走をつけて得られるカタルシスの最大値は、ファスト映画では決して得られないものだから、それを味わってほしいと思っているだけだ。

ＡＩの根幹を支える機械学習においても、ポジティブなデータだけ、あるいはネガティブなデータだけでは学習は回らない。自分にとって良いものと悪いものをそれぞれ入力して初めて、自己理解というものが深まるのである。

良かろうが悪かろうが数分で終わるファスト映画は、なるほど時間の浪費というダウンサイドも小さいかもしれない。だが同時に、感動というアップサイドも小さいのだ。しかも、本来その映画から得られたはずの初見の感動を未来永劫失ってしまうという副作用まである。暇つぶしの代償としては、あまりにも重いペナルティである。

現代のビジネスは、瞬間的なドーパミンの奪い合い

ここまで視聴者側の話をしてきたが、次にこうしたコンテンツを提供するプラットフォーム側に目を向けてみよう。違法動画は言語道断だが、ファストコンテンツのほとんどは合法で、視聴者をまっとうに楽しませている。さらに言うと、それに引っ張られる形で、世の中のエンターテインメントはどんどんファスト化している、といった方がむしろ正しいかもしれない。

なぜかという答えの一つは、それが儲かるからである。本来自然界には存在しない、瞬間的に画面が切り替わり眼や脳を刺激するコンテンツは、人の神経系を巧みに興奮させ、それをもっと欲しがらせる。そして、ファストコンテンツのプラットフォームにおいては、利用者がその虜《とりこ》になればなるほど、プラットフォームやコンテンツの提供者が金銭的なリターンを得られるように設計されている。

すなわち、ファストコンテンツのプラットフォームにおいては、視聴者ののべ利用時間

が長くなればなるほど、提供者が儲かるようになっている。最も儲かるのはプラットフォームの提供者、いわゆるプラットフォーマーだが、次にコンテンツを生成し、提供している者（例えば配信者や投稿者）に一部の分け前が払われる。そのお金を発生させているのが利用者（視聴者）だ。利用者は、一部は月額課金や投げ銭の形で直接資金を提供するが、多くは広告を見ることで、広告の提供主からの広告料がプラットフォーマーに支払われるという形を通じて、このエコシステムに参加している。

Appfiguresの調査によれば、2023年から2024年にかけて、世界で最も稼いでいるアプリはTikTokだ。[*2-6] そしてその売上の9割以上が広告売上であり、年間の広告売上は約2・5兆円にも上ると見られる。これらは全て、ユーザーが無料で視聴している時間を広告媒体に流し込み、広告料を受け取ることで、プラットフォーマーに莫大な富をもたらしている。

これを受けて、現在のプラットフォームは、情報科学の粋を尽くして、視聴者に時間をいかに長く使わせるかを研究し、それに最適化されている。結果的に、見ている側には楽

＊2－6　https://forbesjapan.com/articles/detail/70043

しみをもたらすが、長期的に見て利用者の人生の糧になるコンテンツを提供しているわけではない。

となると、見ている間は楽しいかもしれないが、あとに何が残るかは、コンテンツ次第である。たまの息抜きに見るならともかく、ファストコンテンツの視聴が生活の中心になっているという人は、一度付き合い方を考えてみた方がいいかもしれない。

YouTube だけでなく、Facebook や Twitter（現X）のようなSNSも、人の時間や注意をお金に換えるプラットフォームの一つだ。リポストや Like を稼ぎ、ポストの表示回数が増えればプラットフォームから分け前が払われる点も、今まで述べたとおりである。無論、こうしたエンターテインメントは人に喜びを与え、人生を豊かにするものである。しかし、なにごとも、過ぎれば毒となる。

『依存症ビジネス「廃人」製造社会の真実』（デイミアン・トンプソン著／中里京子訳／ダイヤモンド社）では、世の中に潜む、人を病みつきにさせるビジネスについて語られている。そこには砂糖菓子や薬物に並んで、アプリやインターネットが人を依存させうるものとして並べられ、SNSやインターネットゲームが人に快楽をもたらす合図（キュー）を備え、人々を虜にする方法について語っている。

『僕らはそれに抵抗できない 「依存症ビジネス」のつくられかた』（アダム・オルター著／上原裕美子訳／ダイヤモンド社）でも同様のことが述べられている。同書では、特定の「行動」が、薬物のように体内に入るわけでもないにもかかわらず依存症を引き起こすという、今では当たり前に受け入れられている事実について警鐘を鳴らしている。SNSをはじめ、メールやアプリ、ゲームがどのように人を依存させるかについて語り、幼少期にこうしたテクノロジーに触れる危険性や、一方でもはやそれを避けられない事態にどう向き合っていくべきかについても語っている。

もちろん、使いすぎが悪いのであって、コンテンツそのものを悪し様に言う気はない。要は摂取するバランスである。脳が疲れているときには糖分を欲するのと同様、ただただ見ていて面白いコンテンツをぼーっと見ることだって必要だ。無論、甘いものだけを食べ続けては体に良くないように、ファストコンテンツだけを摂り続けるようでは、健全な生活からは遠ざかっていくだろう。

報われないかもしれない、という恐怖を乗り越える

皆さんは期待値というものをご存知だろうか。簡単に言えば、乱数によって報酬が決定される場合において、各報酬とそれぞれの確率の加重平均によって計算される、「どれくらい得しそうか」を数字で表したものである。例えば、1000円払ってサイコロを1個振り、6が出たら3000円、2か4が出たら1200円、奇数なら0円が得られるゲームがあるとする。偶数が出たら得をするので、1／2の確率で儲かるゲームに見えるが、いったん賭博としての違法性は無視して考えると、これは3000円×1/6＝500円、2/6×1200＝400円として、初めに1000円払っているため、500＋400＋0－1000＝－100、つまり期待値マイナス100円のゲームである。よって、やればやるほど統計的にはお金が減っていく。

現代は、この期待値のプラスマイナスばかりが注目され、結果の絶対値というものに目を向ける人が少ないように見える。その理由として、物理的要因による情報格差がインタ

ーネットによって解消したこと、すなわち情報の集積が圧倒的な速度で進み、またそれへのアクセスが容易になった結果、将来に対する予測可能性が高まったからであると私は考えている。

ここにおける予測可能性は、誤解なきように言うと、将来の予測は依然として不可能だが、パターンごとのリスクやリターンがわかりやすくなり続けているという意味だ。すなわち、サイコロを振ってどの目が出るかはわからないが、どの目が出ると何が起こるかはわかりやすくなった、ということである。無論、あくまで昔よりわかりやすいという程度で、依然としてブラック・スワンが存在することは言うまでもない。

ブラック・スワンとは、予測不可能で重大な影響を及ぼすことだが、後から考えたらなぜ予測できなかったのかわからない、と言われる事象のことだ。『ブラック・スワン　不確実性とリスクの本質（上）（下）』（望月衛訳／ダイヤモンド社）を著したナシーム・ニコラス・タレブによれば、ブラック・スワンには三つの特徴がある。「一つは予測できないこと。二つ目は非常に強いインパクトをもたらすこと。そして三つ目は、いったん起きてしまうと、いかにもそれらしい説明がなされ、実際よりも偶然には見えなくなったり、最初からわかっていたような気にさせられたりすること」だ。代表的なのは２００８年のリーマン・ショックで、当時は唐突に起こった金融危機で、誰もが予測していなかったが、今ではその発生原因について一定の説明がなされているのがわかる。

話を戻して、期待値の解像度が上がったであろう具体的な例を挙げよう。ある学生が職業選択において、公務員になるか、教師を目指すか、地元にいるか、都会に出るか、あるいは専門資格を取るか、といった悩みを抱えているとする。インターネットの普及以前であれば、その学生は自らの親か教師に意見を聞き、図書館に行って誰かの自伝を借りる、といった程度の情報で判断しなければならなかっただろう。そうなると、必然、進路として取りうる選択肢は親や教師の知識の範囲内に限定され、あるいはたまたま目についた自伝の数に左右されてしまう。

今を生きるあなたなら、インターネットの力を借りるに違いない。検索すれば、「理系の人気就職先ランキング」といった記事が数秒で見つかる。それぞれの進路の想定年収が文字どおり一瞬で出てくるだろうし、どういった性格の人がその仕事に向いているか、どのようなことが仕事上でつらいか、といった情報が簡単に手に入れられ、自らの適性も判断できる。それぞれの会社の文化もわかるし、辞めていく人がどのようなことに不満を持っていたかについての口コミが残されていることもある。資格試験について調べれば、合格倍率や合格までにかかった年数といった最新の統計データが公表されていて、どれだけ難関かがすぐに数字でわかる。さらに資格を取った後、どの事務所がどれくらいの給与で人を募集しているか、わざわざ個別に問い合わせるまでもない。検索すれば求人票が出てくるだろう。

要するに、確率分布とそのリターンが簡単にわかるようになったことで、期待値のプラスマイナスの精査も容易になったということだ。だからこそ、皆が自然にそれを重視して判断するようになっているように、私には思える。

一方で、世の中には期待値がマイナスでも、他の選択肢では得られないほど大きなリターンを得られるものが存在する。例えば、ミュージシャンや漫画家、あるいは画家といった職業は、プロになろうとしてなれるものではない。正確な確率は算出が難しいので、なんとなくの推定をしてみると、プロデビューだけで1%以下、食っていけるほどに成功できる確率は0・1%から0・01%程度と考えていいだろうか。

選抜プロセスが明らかになっている例で言うと、宇宙飛行士は最難関の職業の一つだ。宇宙に飛ぶという栄誉はなにものにも代えがたいが、選抜試験の倍率は今では2000倍を超えると聞く。そして合格には肉体的、精神的なトレーニングが必要だ。

こうした夢に向かった活動の末、不合格となり進路変更せざるをえない場合、その間にできたはずの資格試験の勉強や就職活動を考えれば、その後のキャリアは不利になるだろう。その不利益を99・95％とか99・99％という確率に掛け合わせると、多くの人にとって期待値はマイナスのように見えてしまう。もちろん、結果はくじ引きではなく、能力を見た選抜なので、「自分などが選ばれるわけがない」という気持ちも働くだろうし、仮に試験の選抜を通っても、全員が宇宙へ行けるわけでもないから、プラスの確率はさらに下がる。金銭面で見ても、宇宙飛行士が飛び抜けて高給取りということはなく、それより低倍率で高年収な職業はいくらでもある。

もちろん、就職したうえで働きながら宇宙飛行士を目指している人も多いと思うので、新卒のタイミングで考えるのはあくまで一例に過ぎないが、リソースをどれだけ割くかという考え方は同じである。宇宙飛行士の例で納得できなければ、ミュージシャンや漫画家と言い換えてもいいが、期待値だけで見てしまうと、夢を追うよりも新卒で初任給の高い企業に就職し、サラリーマンとして働き続ける方が、よほど「賢い」選択に見える。だが、その先に宇宙飛行士やロックミュージシャンとして歴史に名を残す道はない。だから私は、夢を追うことが損だなんて考えは、大いに間違っていると思う。

期待値プラスの試行はやるたびに少しずつ得するが、達成したい大きな夢へ続いている道ではないことも多い。一方で大きな挑戦は、成功率は低いし、あるいは一生報われないかもしれないが、それでも人生をかけてつかみたいものに届きうる道である。

『達人のサイエンス　真の自己成長のために』（ジョージ・レナード著／中田康憲訳／日本教文社）は、人生そのものをマスタリーへの旅へと例えている。拙速に結果を求める姿勢や効率主義を強く批判し、一見成果が出ない中でも反復的な訓練を繰り返し、何かに長じていく行為そのものを尊ぶ姿勢について語っている。興味深いのは、この本が書かれたのは30年以上も前であるということだ。

同書では、マスタリーの道を行く人は全て、プラトー、すなわちなんの上達も見られない期間を過ごさなければならないと書かれている。しかも、そのプラトーの期間は、全体の8割から9割を占めるという。真に何かへの卓越を求めるのであれば、一生懸命、着実な努力を繰り返したうえで、なんの成果も感じられない期間を9割経験しなければならない、ということだ。

そしてこの本の中でも、ダブラー、オブセッシブ、ハッカーといったマスタリーから遠ざかってしまう人の類型が紹介されている。30年前ですらもそうだったのだから、成功者が容易に可視化され、他の道を探せてしまう現代においては、人が練習に耐えきれない気持ちはさらに強まるだろう。SNSを開けば、そのとき最も注目されている人がもてはやされ、自分とは何もかも違うように感じられる。そんなときに、報われるかもわからない地道な訓練をこつこつと繰り返すことができるだろうか？　もっと効率のいいやり方があるのではないか？　そもそも上達などしなくとも、結果にすぐ結びつくようなチャンスが転がっているのではないか？　あるいは、どうせやっても変わらないなら諦めてしまおう、今は練習なんかやめて、無限にあふれるコンテンツを楽しめばいい、と考えるかもしれない。

しかし、本当に大事なことは、そうしたときでも腐らず、焦らずに、こつこつと努力することなのだ。これは比喩ではないし、努力した先に成功がある、などとも言っていない。たとえプラトーであろうとも、努力をする過程そのものを楽しむべきだ。人生が続く限りそのマスタリーの道は続いていくのだから。

と、言葉で言うのは簡単だが、誘惑の多い現代において、目の前の快楽から目を背けるには大変な自制心を要する。

昔はそうではなかった。私が小学生のころは、家にあったのは小説のほか、せいぜい漫画や映画、テレビゲームくらいで、私たちを永遠に熱中させるのがそれらのコンテンツの目的ではなかった。漫画やゲームは買ったときにお金を払うもので、終わりもあり、買った後でどれだけそのコンテンツが楽しまれようと売上が増えるわけではない。信用の蓄積という意味で消費者を満足させることは必要だったが、あまりに面白すぎてそれしか遊ばないゲームを作ってしまうと（そんなことが可能であればだが）、今度は自社の別のコンテンツを買ってもらえないというダウンサイドすらあった。消費者としても、遊んでいる間、読んでいる間はもちろん楽しかったが、それに熱中して生活のバランスを欠くような人は、多少はいただろうがそう多くはなかった。

翻って今は、ソーシャルゲームにせよ、SNSにせよ、動画サイトにせよ、ユーザーの離脱率を常に監視し、1秒でも長くそこにとどまらせるために日夜改良を重ねている。そうするとプラットフォームが儲かるから、インセンティブのうえでは正しい行動なのだが、通常の域を超えてそこにとらわれてしまった人にとってはたまったものではない。瞬間的な満足に慣れてしまうと、つらくとも長期的な投資を行うことは耐え難く感じる。勉強を始める前、寝る前にちょっと動画でも、と思って、気づけば1時間たっていたという経験は誰にでもあるだろう。

そうした習慣を完全に断つ必要はないが、それでも将来に向けた努力というものはこつこつと続けていく必要がある。その差は本当に小さなもので、ちょっとサボってしまったとて、今日目に見える変化はないだろう。明日も変わらない。1週間後に、ようやくわずかに差が見えてくるかもしれないものである。だが、1年もたてば失ったものは歴然で、3年もすれば取り返しがつかなくなっているだろう。最近、SNSや動画サイトにのめり込みすぎかもしれないと思い当たる人は、一度ゆっくりと行動を省みることをおすすめする。

目の前の年収を1割上げることにこだわるな

『GIVE & TAKE「与える人」こそ成功する時代』(アダム・グラント著/楠木建監訳/三笠書房)によれば、取引に対する人の姿勢は三つに大別できるという。すなわち、自分が損してでも相手のために尽くすギヴァー、反対に自分が最大限得するために容赦なく搾取しようとするテイカー、そして自分と相手の損得を釣り合わせようとするマッチャーである。同書によれば、1人の人が一つに固定されているわけではなく、職場ではマッチャーだが家庭ではテイカーであるなど、場面場面で態度を切り替えるのが普通であるそうだ。そして、同書で明かされている最も重要な示唆は、社会的成功を最もしている人はギヴァー、すなわち自分より相手を得させようとする人であるということだ。同時に、最も失敗しているのもギヴァーだという。

成功と失敗を分けるものは何かというエッセンスについては、実際に同書を読んでいただくとして、私の持論を述べると、仕事において大きく成功したいならギヴァーとして振る舞うべきである。私の周りで大きく成功している人はほとんどがギヴァーだ。ただし、もしかしたらそもそも私の周りにはギヴァーが多いなどのバイアスもありうるため、これは完全に私見でしかない。だが、お金にこだわればこだわるほど小金でとどまり、お金にこだわっていない人ほど大きなお金が入ってくる、という事象を多く目にしてきていて、私の人生哲学もそれに近いものを持っている。

特に、最終的に損しやすいと私が感じているのは、時間割引率が高い人たちだ。時間割引率というのは、現在価値と将来価値に差をつける割合のことで、例えば今日もらえる1万円と、1年後にもらえる1万円の価値は違う、というのは直感的に理解できると思う

（例えば預金や債券には利子がつくから、先にもらった方が得である）。それに対して、では1年後にもらえるのがいくらなら現在の1万円と釣り合うのか、1万1000円なのか1万5000円なのか2万円なのか5万円なのか、といった倍率の逆数が、そのまま時間割引率[*2-7]になる。

私の観測範囲では、この時間割引率が高い人ほど、目の前の年収を少しでも上げようとし、時には社外のサブプロジェクトにも多く手を出し、結果として一時的に小金は稼げるのだが、5年後には一つのことを一生懸命にやってきた人に追い抜かれている。しかも、その差は2倍ですらなく、数倍、数十倍の差がつけられていることが多い。本人はなんとか得しようともがいているのだが、長期的に見れば、結果的に損しているのである。

時間割引率が高い人は、享楽的である人か、せっかちな人か、あるいは小ずるく見える人が多いように感じる。ただしこれは原因というよりむしろ結果で、目の前のことに長期間集中できない人はせっかちに見えるし、短期的に小さな得をすることを繰り返すことに慣れてしまって、それが時には信用を毀損してでも実利を取る行為として映る人は、小ずるい人に見えてしまうのだろう。享楽的・刹那的に生きることは単なる価値観なので全く問題だと思わないが、もし成功しようとしているのに、せっかちだったり小ずるかったりする行動を繰り返してしまう人は、自制をするか、考えを改めた方がいいかもしれない。それは倫理的な理由ではなくて、単純に損だからである。

ところで、ギヴァーと関連して、優秀で周囲に評価される人はとにかく謙虚である。謙虚といっても卑屈ではなく、自分はこれだけは負けないという自信も持っているのだが、一方で傲慢にはならず、世の中を客観的に、そして自分を厳しく見ている人たちが多い。そうした人たちは内心マッチャーとして振る舞っているだけでも、外見的にはギヴァー的な振る舞いとみなされやすい。例えば、人事評価のときに自分はこれだけ頑張ったから1円でも給与を高くしてほしい、と声高に主張する人よりも、自分にはもっとできることがいくらでもあったと言っている人の方がかえって高く評価され、重要なプロジェクトを任されてあっさり昇給していくこともあった。

改めて述べるが、私は統計的な調査をしたわけでもなく、見てきたケースから構築された持論、言うなればお気持ちを語っているだけである。この見解はバイアスにまみれてい

*2-7　もしかしたら、これを100%から引いたものをそう呼ぶべきかもしれない。しかし意味するところは同じだ。

るし、こうであってほしいという私の願望も含まれている。だから、この主張が常に正しいなどと言うつもりは毛頭なく、割り引いて考えてほしいというのが正直なところだ。

だが、それにしてはあまりに似たようなケースを何度も見てきた。少しでも小金を得ようといろんなプロジェクトにいっちょ噛みしている人や、しんどいときに踏ん張れず新しい環境に移って一発逆転を狙おうとしている人、あるいはどれだけ主張しても自分が評価されないと悩んでいる人などは、一度立ち止まって、真摯に、謙虚に自分を省みたり、拙速なリターンを追い求めず、一つのプロジェクトに集中したりする方が、道は開ける……かもしれない。

信頼はお金に換えられるが、お金で信頼は買えない

ここまで語ったのは事象であるが、なぜこのようなことが発生するかの理由について考えてみると、ビジネスにおける信頼は簡単にお金に変換できるが、お金を追い求めていて

も信頼は得られないからであろう。ここで言う信頼とは、原則として商売における信頼関係であるものの、無論そこには義理を果たすなどの人道的な意味合いも含まれる。だがそれは、どちらかと言うとノックアウトファクター、つまり、そこを違《たが》えるような人はお話にならないということで、それ以上に仕事をしっかりと果たす人だという周囲からの評価を積み上げていくことを主に指している。

単純化すると、ビジネスにおいて、信頼は「相手の期待値を少し上回る」ことを繰り返すことで得られる。逆に、「相手の期待値を少しでも下回る」ことで信頼は毀損する（念のため付け加えると、ここで言う期待値という言葉は数学的な期待値ではなく、他人が自分に期待するであろう水準、くらいの意味で使っている）。

重要なのは、ここで結果の絶対値は問題にならないことである。比較対象はゼロベースではなく、期待値から見て上か下かである。だから、相手にとって本来得なことをしていたとしても、相手の期待値を下回っていたら、かえってマイナスの場合もある。

例えばメール1本返すにしても、ビジネスにおいてはよほど急いでいる場合でもない限り、1営業日中に返すのが普通、といった感覚ではないだろうか。10分とか15分以内に返ってきたら、相当に早く感じるはずである。逆に、丸1日返信がないと、「遅いな、何かあったのかな」といった感情を抱くはずだ（あくまで私の感覚で、業界によって差はあるかもしれない）。

こうしたメール一つにおいても、相手の期待値を少しでも上回ることで信頼は醸成される。資料を出すにおいても、締め切りを破るなどもっての外で、むしろ前倒しで出していく。営業成績においても、ノルマを少しでも上回ったり、期日よりも前に達成したりできるように計画を立てていく。逆に失敗しそうなときは、少しでも早くその旨を連絡し、ダメージが少なくなるよう期待値をコントロールする。

以上はプレイヤーとしての行動を挙げたが、マネージャーとしても上長からの期待というものはあるはずで、毎日メンバーの様子を確認し、何か懸念事項があれば早めに面談を組んだりアラートを上げたりするなど、やりようはいくらでもある。こうした細かい積み重ねによって、ああ、この人に任せておけば安心だな、といった信頼を周囲に蓄積していくことができる。

こうした信頼をきちんと積み重ねていけば、それをお金という形に換えるのはとても容易である。職場の中で評価されていくのはもちろん、転職、そして独立や起業するという決断をしても、周囲の人は応援してくれるだろう。

逆に信頼を毀損していった人は、何か困ったことがあったり、新しいことに挑戦しようとしたりしても、周囲の応援や協力は得られない。それまでどれだけ高収入であったとしても、それ自体が信頼を蓄積することはない。

ところで、こういうことを書くと誤解されるかもしれないのだが、私は社内政治を推奨しているのではない。本書でも後の方で、「相手の頭の中を想像して、適切なコミュニケーションをすること」を紹介しているのだが、それはある情報を伝えるに際して、相手によって効率的な伝え方が違うというだけで、周囲が気持ちよくなることを言えばいい、という思想とは全く違う。

DeNAの会長である南場智子さんの言葉に、「コトに向かう」というのがある。私はこれを仕事の本質の一つだと思っている。信頼とはとにかくコトに向かい、成果を出すことで蓄積されるものだ。口だけ動かす頭でっかちな人、周囲を言葉でコントロールしようとする政治屋、メディアに出ることやネットワーキングが目的になっている目立ちたがり屋、もしそういった兆候を自分に感じたら、すぐに考えと行動を改めた方がいい。こうした振る舞いは短期的には楽しく、あるいは魅力的に映るだろうが、それよりも成果にこだわり、周囲の信頼をしっかりと築き上げていく人の方が、将来においてはより大きなリターンを得るだろうと、私は考えている。

まずは、斜に構えることをやめる

冷笑主義とも言われる昨今だが、そのような言葉が定着する前からも、批評家気取りの人間はたくさんいた。何か問題があったとして、その問題点をあげつらうことに一生懸命になっているタイプである。

世の中、理想的なものなどない。皆、完璧でないのはわかったうえで、制約条件の下で現実的な解を模索しているものだ。その中で一片の瑕疵《かし》を見つけ、正論のハンマーを騒がしく打ち鳴らすことに、なんの価値があるのだろうか。

私に言わせれば、日常の職場で見つかるような問題点を指摘すること自体には、ほとんどの場合、価値なんてない。価値が生まれるのは、それを解決したときである。実際、簡単に解決できるものであるならとっくに誰かがやっているわけで、時間がかかったり、あるいはうまい具合に解決できる方法がまだわからなかったりするために、そうした問題は放置されているのである。そこを賢《さか》しらに指摘して、何かを成し遂げた気になっていても、周囲に信頼されるはずがない。ましてや、そうした問題を生み出した人を責めたところで、何も解決はしない。むしろ、見つけた問題点を率先して解決してこそ、周囲の信頼を得られるものである。

それなのに、文句ばかり言っていて、矛盾や問題点を見つけられる自分が賢いと思っている人のいかに多いことか。

批評家になることはやめて、前向きに行動しよう。夢を抱いて、希望を掲げ、一生をかけて達成したいことを追求するような人になってほしい。

現代の人々は冷笑的で、夢を口に出そうものなら馬鹿にされ、挫折するまで監視されるようで息が詰まる。失敗すれば「それ見たことか」と袋叩きにあい、成功しても「何かずるをしたんだろう」「あいつは実力もないのに評価されている」と陰口を叩かれる。

ドイツ語には〝シャーデンフロイデ〟という言葉がある。これは、他者の不幸に対する喜びを表した言葉だ。日本流に言えば「他人の不幸は蜜の味」といったところである。

人間の機能として、そのような気持ちがあるのは事実なのだろう。それを持つことは、自然界での生存に有利だったのかもしれない。だが、現代において、本能全てをさらけ出して生きているのが正しいはずもあるまい。我々には理性がある。

もう、他人にそうした気持ちを持つのはやめよう。一時の快楽のために、誰かを冷笑するのはやめよう。わざわざ誰かの粗探しをするのはやめよう。

そうした行為が道徳的に間違っているからではない。何かをしている気になって、あなたを成功から遠ざけるからだ。

代わりに、夢を掲げよう。他人の冷笑は無視して、夢に向かって進もう。無論、現実は残酷で、全ての夢が叶うわけではない。だからその努力は、報われないかもしれない。

しかしながら、人生においては、報われないかもしれない努力をすることこそが大切なのである。

コラム——燃え尽き症候群について

具体的な目標や、「これを果たさずして死ねない」といった執念に近い目標は、足を進めるうえで一定の役割を果たすとも思う。一方で、そうした原動力は、いざ目標を果たしたときに、大きな足枷になってしまうかもしれないことも述べたい。それは例えば、燃え尽き症候群《バーンアウト》として表れる。

燃え尽き症候群とは、何かの目標を達成したあと、あるいは目標を達成できないと確信してしまったあと、気力を失い、突然全てのやる気を失ってしまう現象のことだ。私が調べた限り、医学的にどのように定義されているかは不明だったが、現にこれに陥っている人は数多くいるようで、特に起業家に多いとされ、経営者の職業病と呼ばれる場合もある。

何を隠そう私も、一時期これに陥っていた。起業した会社が上場した直後のことだ。私の仕事のモチベーションは、「周囲のステークホルダー、特にまだ小さかった会社にベットしてくれた社員に報いたい」というものだった。そして、上場をした結果、初期から会社を手伝ってくれていたメンバーには株の売却益という形でかなりの金額を手にしてもらうことができた。つまり、個人的な目標というのが満たされてしまったタイミングだった（ちなみに、私個人はこのタイミングで株式を売っておらず、決してお金持ちになったわけではなかった。十分な資産という意味ではそれを手にしていたが）。

一方で会社の株式公開というのは、一般投資家の方に会社の株を持ってもらい、資金調達をするということなので、その役員が「目標を達成したのでやる気が出ません」で許されるはずはない。だからこそ最低限の責務は果たし、実際に会社の業績も問題はなく、順調に成長はしていた。だが、会社を今後成長させ続けることができたとしても、本当にこれが自分の人生でやりたいことなのか？　と考えてしまった。

これは大きな変化だった。起業したてのとき、まだ23歳だった私は、10連勤どころか20連勤も当たり前、朝起きた瞬間から働き始め、日付が変わるまで働き、「大江戸線は終電が遅くて助かるなあ」なんて思いながら寝るためだけに家に帰っていた。当時、大江戸線は0時45分だかまで動いていたように記憶している。役員に労働基準法は適用されないから何時まで働いても問題はなかった。もっとも、社員に同じことは絶対に許さなかったが。

仕事がたまったときは、移動時間がもったいないと会社に段ボールを敷いて泊まり込んでいたので、当時会社に加わってくれたCFOが初出社の朝、真っ暗なオフィスで電気をつけたら寝ていた私がのっそりと起きてきて、「やばい会社に来てしまった」と思ったそうだ（ちなみに、私自身はそのときのことを全く覚えていない）。

とにかく、今後も同じ会社で働き続けるということは、私自身の中では自分の人生の目標ではないと思えてしまった。結局、次の任期満了の際、再任は望まないことを他の役員に告げ、2020年末、任期満了で役員を辞めた。そして、ずっと人生でやりたかったことである小説を書き始めた。

小説の新人賞でも、なかなか成果が出ずに苦しんだものの、2年半後には『このミステリーがすごい！』大賞を受賞してデビューすることができた。このデビューでも燃え尽きないか心配はしていたのだが、創作への熱意は尽きる様子がなく、それどころかビジネスでの燃え尽き症候群に対する癒やしの旅であるように感じた。そして、今ではマネックスグループという会社の取締役として、再びビジネスでも熱意を持って腕を振るっている。

こうした一連の流れを通して、私は今、人生をかけて追求すべきマスタリーの道をようやく歩き出したように感じている。

第3章

SNSの荒波を乗り越える方法

あなたはSNSを利用しているだろうか。ノーという人には、この章はあまり役に立たないかもしれない。その場合は、地球のどこかでこんなことが起こっているんだなあ、と斜め読みしていただければ結構だ。しかし調査によれば、10代・20代では90%以上、30代・40代でも80%後半の人がなんらかのSNSを使っているとのこと[*3-1]なので、この本を手に取った方の多くにはイエスとお答えいただけると思う。

さて、これからこの章ではSNSとの向き合い方について述べようと思う。その中で、問題点や悪影響について論じることも多いだろう。しかし、最初に私の立場を明らかにしたい。それは、SNSそれ自体は悪ではない、ということだ。車やハサミ、スマートフォンが悪ではないのと同じように、SNSもまた、使い方によって益も害ももたらすものだ。しかし今、世の中の特に若い世代が、その付き合い方を間違え、あまり良くない影響を受けているのではないか、という懸念がある。それは現代がもたらした経済圏の一つであるアテンションエコノミー（後述）に端を発していると考えており、それに参加するとはどういうことか、そしてそのリスクについても触れる。

人はSNSに1日2時間以上を費やしている

電車に乗って辺りを見回すと、想像以上に多くの人がスマートフォン、すなわちスマホに目を落としている。特に通勤時間には、片手でつり革につかまり、もう片手で把持したスマホにじっと目を落としている光景をよく目にする。

私が学生だったころは、本を読んでいる人がもっと多かったと思う。ただそれも、単にスマホがない時代だったからなのだろう。本を読むのが当たり前だったという時代背景に加えて、他にやることがなかったから本を読んでいたに過ぎないのかもしれない。

今の時代、本もスマホも持つことができるが、大部分がじっくりと腰を据えた読書よりも、頭を使わないインスタントな刺激や短いニュースを好む。これはもう本能と言うべきもので、おそらく過去にはそうした特性が生存や繁殖に有利だったのだろう。その中でも、

＊3－1 https://www.hottolink.co.jp/column/20240214_114872/

多くの人が時間を費やしているのがSNS、すなわちソーシャルネットワークサービスである。

さて、1日の間に、SNSはどれくらい使われているのだろうか？　有名なTwitter（現X）などの利用シーンを考えると、だいたい5分、10分もあればタイムラインを追えるし、1日に20分も利用してないんじゃないか？　と思うかもしれない。

あなた自身はどうだろう。もしSNSをあまり利用していない場合は驚くだろうが、世界的にとても多くの時間が投じられていることがわかっている。調査によれば、2024年現在、全世界のインターネットユーザーの1日あたりのSNS平均利用時間は143分に達している。[*3-2] 最も長い国はブラジルで、同国のインターネットユーザーは平均して1日に約4時間をSNSに費やしているという。1日は24時間なので、実に16％もの時間を毎日毎日費やしていることになる。

こうして可視化されると、習慣とはいえ、これはちょっとどうなんだ、という気になるのではないか。無論、何かをしながらではあるだろうが、食事や風呂の時間の合計に匹敵するほどの長時間だ。生物学上は不要にも見えるこの活動に、今や全人類が熱中し、生きていくうえでなくてはならないものになっているのは、なんとも不思議なことだ。あなた自身の利用時間は、あなたのデバイスのスクリーンタイムという機能で確認できるので、ぜひ確認してみてほしい。きっと他の多くの人と同様に、思ったよりも長い時間を費やしていたことに驚くだろう。

つい二、三十年前まではSNSなんて概念すら存在しなかったわけで、人々の生活様式がここまでガラッと変わってしまうというのはとても興味深いことだ。同時に、この令和の世の中で、バズと承認欲求にどっぷりと浸かった生活が本当に望ましいのか、再考する必要があると私は考えている。

SNSで有名になることは本当に価値があるのか

そもそも人々は、SNSに何を求めているのだろう。使い始めるきっかけは、現実での

＊3－2　https://wearesocial.com/jp/blog/2024/01/digital-2024-5-billion-social-media-users/

友人との交流が第一歩かもしれない。ニュースを読もうとする人もいるだろう。誰かに注目されたい、あるいはそれを通じて自分の価値を確かめたいという、承認欲求もあるかもしれない。そうした原動力の一つにFOMO（Fear of missing out）、すなわち流行に後れることへの恐怖があるという。

要するに、世の中でバズっているものを知らないままでいることへの本能的な恐怖、ということだ。例えば、音声SNSであるClubhouseの成長の原動力もそれだったと言われている。Clubhouseは Twitter（現X）のスペースのような機能で、スピーカーの数人が話す内容を他のユーザーが集まって聞くような形のサービスだ。そして、Clubhouseは公開当初、完全招待制のSNSで、招待されない限りそもそもサービスを利用することができなかった。さらに、Clubhouse内の会話はアーカイブなどが残らず、その場に参加することでしか聞くことができない。芸能人や著名な起業家が毎晩業界の裏話をしているということで、自分もそれを聞きたいというユーザーが殺到し、招待を求める声がSNS上にあふれた。ある試算では、わずか10日間で50万ユーザーを集めるほどで、爆発的な成長と言っていい。FOMOには人を、そうした熱狂的な動きに追い立てる力がある。

そして、Clubhouseに限らず、SNSでは著名人のニュースやスキャンダルが頻繁に流れてくる。中には、SNSでバズったから著名人になったという人もいる。そうした人たちは、良かれ悪しかれ日本中から注目され、無論こき下ろされることもあるが、それ以上に賞賛されているように見えるし、少なくとも注目されることでメリットを得ている。

人は社会的動物で、注目されたい、認められたいという欲求を常に抱えている。だから、自分の言説や個人的な発信にいいねがつき、あるいは拡散されることには本能的な快感が伴う。時にはより目立ち、バズらせるために、本当は書いてはいけないことを書いたり、過激な言説をぶち上げたりする人もいるだろう。

そうして注目されれば、一時的には気持ちよくなる。だが、そうしてSNSで有名になることに、本当に価値はあるのだろうか。SNSを見ていると、たくさんの成功者の情報が流れてくる。お金持ちであったり、美容に気を使っていたり、ネット論客であったりといった人々だ。彼ら彼女らは、確かにSNS上で人気を博しているのだが、SNSを離れた現実世界でも、あなたにとって本当に重要な人々なのだろうか。

私としては、誰かもよくわからない〝シゴデキ〟だの〝エリサラ〟[*3-3]だのといった匿名ビ

*3-3　それぞれ、「仕事ができる」「エリートサラリーマン」の略語らしい。

ジネスパーソンの仕事術を読むより、例えば柳井正さんや稲盛和夫さんの著作を読んでいる方がよほど多くの洞察が得られるように思う。お金を持っている方が偉いなどというつもりは毛頭ないが、巨大な企業を築き上げた経営者の本がいくらでも読めるのに、ただ目立っているからという理由で、実生活がどんな様子かもわからない人の発信ばかりながめているのは、ビジネスの観点で合理的とは言えないだろう。

確かにエンターテインメントとしてならSNSも面白いので、私もVTuberだとか、好きな人のポストを見たいからといった理由でSNSを使うこともあるが、本当に成功している人は、わざわざ自分の価値をSNSで証明しようと躍起になってはいない。SNSなどやらなくても圧倒的な実績を出している人は数多くいて、彼らは単にその必要がないか、本業が忙しいためにSNSに姿を現さないだけである。

アテンションエコノミーに身を投じるなら、その覚悟がいる

現代において、有名になることは、精神的に気持ちいいだけでなく、お金を稼ぐことに直結する。60年近く前に、ノーベル経済学賞を受賞したハーバート・サイモンが予言したとおり、〝情報経済において「アテンション（関心）」が通貨のように取引される〟時代が来たのだ。ユーザーが集まって何かのコンテンツを見ると、広告売上という形でそこに報酬が発生する。YouTube の動画は再生数に応じて売上が上がるし、Twitter（現X）にもリワードプログラムがある。この事象は〝アテンションエコノミー〟とも呼ばれる。情報的価値ではなく、そこにアテンション、すなわち注目が集まるかどうかで金銭的価値が定まるような経済圏である。

そこにおいては情報の中身というものは問われないわけで、極論ニュースの中身がまるっきりの嘘、すなわちフェイクであったり、下世話な炎上ネタであったり、あるいは分断をあおる感情的な記事であったりしても、心にひっかかるかどうかで、その情報の経済的

価値が決まってしまう。ＳＮＳ上での情報は、その内容が本質的に大事かに関係なく、どれくらいバズるかによって経済的価値が決まるということだ。

もしあなたが、このアテンションエコノミーに身を投じたいのなら、止めはしない。フェイクニュースなどの有害な情報を流すのは論外ではあるが、まっとうに人気者になってお金を稼ぐことに、なんの問題があろう。

一方で、アテンションエコノミーと、その外部の経済圏、例えば会社勤めというものは、たまたま同じ通貨（日本円）が使えるだけで、全く違うものであると考えた方がいいと私は思う。

個人的な感覚で恐縮ながら、従来の経済圏における付加価値を生み出せるようなスキルを研鑽《けんさん》するやり方、つまり〝普通の〟働き方では、報酬のピークは比較的人生の後半にあり、そこに向かって徐々に給与水準が増していく。一方でアテンションエコノミーの場合、収入の上下が激しく、さらには常にアテンションの奪い合いが発生するので、一度稼いだアテンションは時間の経過とともにみるみる摩耗していく。山ほど存在する競争相手は常にアテンションを稼ごうとアクションしてくるので、あなたも再び派手な何かをしなければ、アテンションを増やせないどころか、維持することさえ困難である。

そして言うまでもないが、有名になることにはリスクもある。その最たるものが、犯罪の標的になりやすいことであろう。職業的な犯罪者は経済合理性で動くものだ。彼らは強盗に入るとして、貴金属店とトレーディングカードショップではどちらの割がいいかと考える。昨今、カードショップへの盗難が多く話題になっているのは、扱っているカードの資産額に比して周辺地域に人の目が少なく、ビルの構造上セキュリティ設備に限界があるからだ。当然、資産総額は貴金属店の方が多いだろうが、そうした店はセキュリティに十分な投資をしていて、強盗の成功率が低く、捕まる可能性も高い。

一般住宅でも同じ考え方ができる。私自身、セキュリティはトッププライオリティで相当な額の投資をしているのだが、日常的にセキュリティにお金をかけている多くの資産家の家よりも、お金を持っていることに慣れていない人の家の方が、空き巣や強盗の成功率は高いと彼らは考えるだろう。現に、普通のマンションに住んでいる有名YouTuberの自宅前に、いわゆる闇バイトが集められ、あわや強盗事件に発展しそうになったというニュースもあった。

それに昨今では、SNS自体が闇バイトの勧誘手段にもなっている。勧誘文句を見ても、普通のバイトと変わらない。それは変わらないように書かれているのだから当たり前であるが、いざ銀行口座の情報や身分証を出したところで、それらを預かられたまま人質に取られ、犯罪行為を強要される。彼らはそうなるまで、闇バイトに応募しようなんて気は一切なかった善良な市民なのだ。だが、身分証を奪われた状態で、時には家族に危害を及ぼすと脅され、犯罪行為を強要されたら、あなたはどうするだろうか。そのような極限状況においては、家族を守るために犯行に及んでしまう人だって、いてもおかしくはない。

他にも、有名になることには誹謗中傷の問題もある。本当に度し難いのだが、有名人には匿名で悪口を言ってもいいと考えている人が世の中には多すぎる。そのときに感情を動かされる度合いというのは人によって違うが、恋愛リアリティーショーの出演者が誹謗中傷にさらされ、自ら死を選んだとみられる痛ましい事件もあった。

強盗する方が悪いし、誹謗中傷をする方が悪いのはもちろんである。だが、後で誰かが裁かれようと、現に被害を受けるのは自分なわけで、そのリスクは織り込んだうえで行動しなければならない。

最後に、多くの人には、リアルな社会的つながりがあるだろう。あなたが有名になったことで、あなた自身は安全を確保できたとしても、逆恨みの対象が家族や友人に向かないとも限らない。注目は通貨であると同時に、危険を引き寄せる可能性も秘めている。

タイムラインをながめても『シンデレラ』にはなれない

話は変わるが、物語には男性神話と女性神話という類型があると言われる。これは主人公の性別で決まるのではなく、ストーリーラインを分類している言葉に過ぎないので、特に令和の世ではあまり男女という性別を表す語に引っ張られないでほしい。ただ、概念としてよく使われるので、ここではこの語を用いることにする。

男性神話というのは、いわゆる〝英雄になるための旅《ヒーローズ・ジャーニー》〟である。主人公が様々な困難を克服し、一人前の人間や、世界を救う英雄になる物語だ。これがよく見られるのは古代ギリシャの神々の冒険譚で、妻や娘がさらわれ、勇敢な戦士が怪物を退治し、それを取り戻すといったものである。このような神話では物理的な障害ばかりが描かれるが、現代の物語ではそれにとどまらない。コンプレックスであったり、社会規範や社会制度、あるいはそれに適応できない自分であったり、といったあらゆる障害に対して、主人公がコンフォートゾーンを飛び出し、それを克服し打ち勝っていく様を描く物語は男性神話の類型である。

　一方で女性神話は、ありふれた生き方を脱却し、自己実現をするような生き様を描いた物語があてはまる。身分や属性のせいでレッテル貼りをされたり、望ましい生き方を期待されたりすることで、親から窮屈な生き方を強制されているような主人公が、自分を見つめ直し、本当の自分を見つけ出す物語である。これはおとぎ話によく見られて、例えば『シンデレラ』は、意地悪な継母から下働き同然の扱いを受け、初めはそれを受容している主人公が、しかし舞踏会に参加したいという思いを抑えきれず、魔法使いの力を借りて美しく着飾ることで自らが望む姿となり、王子の求婚という世界からの最も強い承認を得て、それを勝ち取る物語である。

　もちろん男性神話と女性神話は排他的ではないので、両方の特性を備える物語もある。『シンデレラ』の例を見れば、継母は自由な世界を目指すうえでわかりやすい障害だ。だから、ある意味で『シンデレラ』を障害を克服する物語と見ることもできる。

　ただ、『シンデレラ』で主人公は継母と対決し、打ちのめしたりはしない。知恵と機転で家を抜け出したりもしない。物語の転換点では、シンデレラは魔法使いという庇護者に助けられることで前に進む力を得る（いろいろな話のバージョンがあるが、魔法使いにあたる役は亡くなった実母の墓に植えた木やそこに集まる鳥であったり、シンデレラが生まれたときの名づけ親であったりと、もともとシンデレラを助ける理由を持つ者のようである）。なぜなら、物語の主題は、主人公がいかに困難を克服するかではないからだ。そうではなくて、これは、抑圧された人生となりたい自分とのギャップ、そこに至るまでの感情の揺らぎ、そして精神の変化の成熟、なりたい自分になれたときの喜び、そういったものを描くための物語である。

聞いた話では（なので、統計的に検証したわけではないが）現代で流行する話には、女性神話の方が多いということだ。SNSを見ていると、なるほど確かにと思う。SNSは「何者かになりたい」人々にあふれ、「何者かになれた」と自認する人々が自己主張をし、それに対して羨望や嫉妬の声が上がり、簡単に「何者かになる」ための広告が氾濫している。欲望も、それを叶える手段も、どんどんインスタントになり、本質的な意味で自分を鍛えるよりも、〝5分で稼げる方法〟に手を伸ばす人ばかりだ。これは女性神話で満たされる欲望に形が似ている。物語で語られる主人公の精神は、もっと高潔で高尚ではあるのだが。

とはいえSNSにおいて、こうした形で欲望が肥大化するのは、とても自然なことであろう。フランスの哲学者ルネ・ジラールが提唱した「模倣の欲望理論」によれば、そもそも欲望は他者の影響によって形成されるもので、自己発生的なものではないという。欲望が他者を模倣することによって生み出されるものだとしたら、他者とのコミュニケーションを加速させるＳＮＳは、まさしく無限の欲望発生装置に他ならない。

模倣の欲望理論について解説した『欲望の見つけ方　お金・恋愛・キャリア』（ルーク・バージス著／川添節子訳／早川書房）でも、同様の示唆が見られる。同書はFacebookを「単に友人の近況を知るだけのツールではな」く、「本物と理想のアイデンティティをつくりあげるツール」としたうえで、「そこでは美しく整えられた他人の人生がモデルとして絶え間なく流れている。私たちをとらえて離さない魅力の源であり、相反する感情の源である」と述べている。

私が思うに、アテンションエコノミーが支配的な環境では、ただ待っているだけで欲望の源が激流のように流れてくるのだろう。まるで腸詰に詰め込まれる挽き肉のように、あるいはフォアグラのために肥え太らされるガチョウの餌《えさ》のように、私たちの中に欲望の素が絶え間なく流し込まれているかのようだ。欲望を抱くこと自体は悪いことではないし、欲望がそうした他人とのコミュニケーションなしには生まれなかったとしても、達成可能な範囲を超えた欲望は、結果として本人を苛《さいな》むことになるだろう。

なりたい自分を目指すということは全くもって悪いことではない。望ましいとさえ言えよう。ただそれは、ＳＮＳでバズることではないはずだ。皆がいいねをたくさん押したに過ぎない、どこの誰だかよくわからん人に憧れてもしょうもないではないか。すぐに稼げる方法なんてものはないし、仮にあっても、ＳＮＳで簡単に手に入ったりはしない。そうしたかりそめの欲望に踊らされ、アテンションエコノミーに大事な時間を溶かされ続けるよりも、もっとやるべきことがあるのではないか。

だからこそ、なりたい自分を目指すにしても、現実の世界においては、男性神話的に障害に挑戦し、克服する力を得られるよう努力すべきだ。タイムラインをながめていても、突然あなたのもとに魔法使いが現れるようなことはない。

ＳＮＳで文句を言うより、行動して変える

ＳＮＳで文句を言うことは、何かをなすことではない。むしろ、それだけで何かをなした気になり、成功から自分を遠ざけるとさえ言える。

SNSやネット掲示板が登場する以前は、匿名で何かに不満をぶちまけ、それを多くの人に見てもらい、しかも共感が可視化されるような手段はなかった。あえて言うなら塀への落書きなどがあたるかもしれないが、ともすれば犯罪行為で、誰もができることではない。電話や投書という手段もあるにはあったが、悪意をぶつけることはできても、広く共感されるようなことはない。第一それには特定の相手が必要で、「世の男（女）どもは〜」といった主語の大きな話の行く先はなかった。

それが今や、（誹謗中傷などでない限りは）犯罪にあたらない形で、匿名で簡単に自分の意見を世に問うことができ、しかも同じ思いを抱えた者が世界中から集まってくるような世界になってしまった。酔っぱらって帰宅した夫の愚痴を「夫、ありえん！」と書けば、1時間以内に数多くの賛同と慰めを得られるだろう。そのことは本能的に、自分は多くの注目が向けられた重要人物だと感じさせる。100人、1000人以上から注目される機会など、日常生活ではめったにないだろう。その快感が忘れられず、日常的に愚痴を投稿するようになっても不思議ではない。だがその道は、本当に幸せに続いているのだろうか。

本来であれば、例えば夫婦間のいさかいは当事者間で解決すべきだろう。それができたらそうしている、という話もあるので一概には言えないが、こうした発信が問題を解決から遠ざけてしまうかもしれない。

SNSで見られる事象の一つとして、エコーチェンバーというものがある。エコーは反響、チェンバーは小部屋といった意味で、自分が言った言葉がそのまま反響するような部屋、ということだ。SNSでは、フォローやフォロワーといった概念があり、例外はあるが傾向として、意見も近しく似たような属性の人がフォローし合っていることが多い。そうでなくても、日頃つながりがある人に対して、それは違うよとわざわざ否定的な意見をする人は少ないだろう（それを繰り返すと、フォローが外されるかブロックされると思う）。そうした事情が積み重なって、何か意見を言ったとき、同じような意見が周囲から反響のように浴びせられ、やはり皆も同じ意見だ、自分は正しいと確信を深めてしまう。実際の世の中全体から見れば、そのコミュニティはごくごくわずか一部であるにもかかわらず、である。

同様に、フィルターバブルというものもある。もともとはイーライ・パリサーが『The Filter Bubble : What the Internet Is Hiding from You』（邦訳は『閉じこもるインターネット　グーグル・パーソナライズ・民主主義』井口耕二訳／早川書房）で提唱した、検索エンジンに関する概念だ。

SNSの目的は、〝あなたの耳に痛いが、ためになる情報〟を提供することではない。あなたが心地良く、エキサイティングな情報に触れ、なるべく長くＳＮＳに触れ続けるように設計されている。だから、アルゴリズムで推薦されるのは、あなたにとって聞こえのいい言葉ばかりである。それに、あなたが意図的に選別を行わない限り、あなたがフォローしているユーザーは、あなたに似た意見を持っていることが多いのは先ほど述べたとおりだ。これは同書で言うところの「ユーザーは次第に自分の考えと対立する観点の情報に触れることができなくなり、自分自身の情報皮膜の中で知的孤立に陥る」という状況に酷似している。２０１１年に検索エンジンについて語られた文言だが、現在のＳＮＳでも近しいことが起きていることがわかるだろう。

こうした情報の無意識な選別や、特定コミュニティからの反響により、仮に正すべき意見を持っていたとしても、それを省みることなく逆に強化されてしまうというのが、ＳＮＳの危うい点の一つである。そうした意見を強固に持つことは、往々にして、パートナーとの問題解決を困難にするだろう。

誤解してほしくはないが、私は、こうした発信や交流ができるようになったこと自体はいいことだと考えている。あるいは、百歩譲って、いいも悪いもないと考えている。テクノロジーが人々の生き方を変えるのは避けられないことだし、私もその片棒を担いで生きてきた。ただ、その使い方を誤って、不利益を被っている人もいるだろうということだ。

真偽は不明だが、テックカンパニーの創設者であるビル・ゲイツやスティーブ・ジョブズは子供にスマートフォンや iPad の使用を禁止していたという逸話がある。スマートフォンは非常に利便性が高く、それがどれほどの便益を人類にもたらしたか、今さら語る必要はないだろう。一方で、それは使いすぎれば害になる。アンデシュ・ハンセンのベストセラー『スマホ脳』（久山葉子訳／新潮新書）を引き合いに出すまでもなく、スマートフォンが脳にどれだけ悪影響を与えるかという言説は、枚挙に暇がない。それでも我々は、スマートフォンを使い続けている。悪影響の全てがデマだからではない。もはやそれなしでは社会生活を送れないからである。だからこそ、コントロールしながら使う術を学ぶ必要がある。

SNSも同様だ。ここまでSNSについて、負の側面を強調してしまったが、だからといってSNSは悪ではない。エンターテインメントとしても、意見の発信場所としても、それを必要とする人はきっといるはずだ。だが、スマートフォンと同様、付き合い方は重要で、薬も過ぎれば毒になるということだ。

情報の拡散には責任が伴う

SNSでの活動は、日常的で、場合によっては匿名であり、指先一つでとても簡単にできるため、感覚が麻痺しやすい。しかし、あなたの行動は、必ずやあなたのもとに戻ってくる。直接的な影響は言うに及ばず、間接的にもいつかはそうなる。

SNSは、誰かを揶揄《やゆ》したり、誹謗中傷したりといったポストであふれている。そうしたポストを自ら直接行うことは論外であるが、拡散に一役買ってはいないだろうか。あなたにとってそうした情報は面白おかしく見え、そのときは笑いながら仲間に共有しようと思ったのかもしれない。だが、一歩立ち止まって、その行動が本当に正しいか考えてみるべきだ。

直接的な影響で言えば、民事・刑事において責任を負うことがありうる。直接ポストを行った場合は言うに及ばず、他人のポストをリポストという形で単に共有しただけでも、著作権法違反や名誉棄損になりうることが判例から示されている。*3-4 匿名だから問題ないと思うかもしれないが、違法行為を行ったものには情報開示請求がなされ、個人が特定されることも当然ありうる。

とはいえ、こうした悪行に対する罰則が有効に機能しているかと言えば、まだまだ改善の余地があるように思える。わざわざ探そうとしなくても、有名人のポストに対する返信を見れば、彼らに宛てたひどい言葉が山ほど送られていて、目を覆いたくなる惨状だ。しかし、その中のどれだけの人が直接的な責任に問われるかと言えば、ほとんど何も起こらないのが実情だろう。言いたい放題言った当の彼らはその夜、全てを忘れて枕を高くして寝ている。心ない言葉を向けられた人が、日夜憔悴《しょうすい》しているのも知らずに。

しかし、そうした行為は、直接責任に問われなかったとしても、巡り巡って自分に災禍を成すだろう。他人が不快になるような言動を日常的にしていて、それがSNS上だけのことであっても、人格に影響がないはずがない（正直に言うと、本当にそうだという証拠は持ち合わせてない。だが、私はそう信じている）。そうした悪事は現実の関係でも周囲ににじみ出て、

＊3－4　https://www.kanaben.or.jp/profile/gaiyou/torikumi/study/pdf/15/professional_practice_research15_1.pdf

いつかあなたの足をすくうことになる。

建設的な批判と誹謗中傷の線引きは難しいし、人によって解釈が分かれることもある。自分は良かれと思って、応援のつもりで言ったのに、相手が怒り出すといったケースは実生活でも枚挙に暇がない。そうしたこと全てを避けることはできないが、それは仕方がない。もとより全ての事象を予測することなどできないし、行動全てに完璧を求め続けるのも健全ではない。可能なのは、己の信じるところに従い、その発言の結果を引き受けることだけだ。だからこそ、自分の中に悪意が湧いたとしても、それを制御し、身を任せないだけの分別を身に付けてほしいと思う。

私に何がしかでも影響力があるとしたら、まずはこの本を読んだ目の前のあなたに訴えかけたい。悪口や誹謗中傷を言わない、拡散には加担しないなんて、当たり前のことではないか。問題は、世の中にその当たり前ができない人があまりに多いことだ。そして、皆がやっているから自分もやっていい、なんて幼稚な考えは捨てることだ。SNSにおいて、たとえ自分が匿名であったとしても、当たり前のことができるだけの正義感や道徳心を持っていてほしい。

SNSで「何者かになる」ことはあなたの人生の最終目標だろうか

改めて、あなたの夢を問いたい。特定の職業に就きたい、お金持ちになりたい、子供が欲しい、あるコンテストで入賞したい。あるいは、夢というほど確かなものでなくても、好きな人と付き合いたいだとか、いい学校に入りたいだとか、そういった人生の中間目標もあるだろう。

一方で、多くの人が漠然と、SNSでバズり、有名になるようなことに憧れているようにも見える。例えば、ある朝起きたら自分のポストに「いいね」が1万件ついていたら、驚き、喜ぶだろう。それが繰り返され、数百人程度だったフォロワーが3万人、5万人を超えたら、いっぱしの人間になったと自己肯定感が上がるのではないだろうか（少なくとも、私自身はそうなるだろう）。多くの人に知られ、存在を認められて、発言にいいねがつき、拡散されることは、自分が重要人物になったことを実感させてくれるに違いない。

だが、残念ながら、SNS上で他人に認められることが、何者かになることではない。

それは結果であっても、原因ではないのだ。自分が何者であるかは、行動で示し、実績を積み重ねて初めて見出せるものだし、本来自分だけが知っていればいいことだ。他人にわざわざ認めさせる必要はない。もしどうしてもそうしなければならないということがあれば、そこにはきっと別の理由や欲求、思惑があるのだろう。

SNS上で有名になることは、実利もあるし、承認欲求も満たされることである。だからそれを仕事にしている人がいるのもなんら不思議ではない。しかし、それが仕事でもないあなたが漠然と憧れ、ストレスをためることは、あまり健全な状態ではないと言えよう。子育てのために『子どもとの関係が変わる　自分の親に読んでほしかった本』（フィリッパ・ペリー著／高山真由美訳／日本経済新聞出版）を読んでいたら、この反応にぴったりの表現が書いてあった。同書では有名人への匿名の嫌がらせメールやソーシャルメディアでのネガティブな反応を「あなたが有名で私がそうじゃないなんてフェアじゃない」というメッセージだとしている。そんな子供じみた反応はやめておこう。もし頭ではわかっても嫉妬してしまうというのなら、距離を置こう。

一方で私は、VRをはじめとするネット上のヴァーチャルな自分が自分ではない、というつもりは全くない。『ソードアート・オンライン』シリーズ（川原礫著／電撃文庫）は今でも最新号の刊行を追い続けているほどに大好きだし、10年前にハマっていたMMORPG（大人数がオンラインで参加するロールプレイングゲーム）で知り合って、今でも仲のいい友達もいる。だから、そこにはもう一つの世界があって、リアルの自分とヴァーチャルな自分の折り合いをつけて生きている人がたくさんいるのも知っている。そして私は、ネットの世界で生きると決めて、リアルのリソースを全力でネットに注ぎ込むような生き方を、個人的に好ましいと感じるし尊敬もしている。ある意味でそれは、周囲の承認に関係なく、何者になるか、自分が何者であるかを自ら選択し、決める行為であるからだ。

以上を踏まえて、私から一つ言えるとするならば、何者かになるため、あるいは自分が何者かであることを確認するためにSNSで有名になるのはやめた方がいい、ということだ。それが無理なく自分自身として過ごした結果であるのならいいのだが、バズを狙うため、わざと過激な発言をしたり、本当は言ってはいけないことを言ったりするのは問題である。そうした行為は、なりたい自分に向かった行動というより、自分を見失った末の迷走と言えよう。

確かに、すでに何者かである人は、その人であるだけでSNSでも有名になるケースがある。等身大の自分を発信するだけで、周囲に好かれる人は確かに存在するのだ。だが、目立つのと悪目立ちするのには、本質的な違いがある。無理があるのになんとか有名になりにいくというのは、要は自分を大きく見せる行為であり、身の丈に合わないことを続けようとするに過ぎず、早晩破綻し、大きなしっぺ返しを食らうことになるだろう。

自分の人生において、SNSがどれだけの地位を占めるかは、自分で決められるはずだ。リアルな生活を犠牲にして、そこに全力を注ぐ人がいたってもちろんいいのだが、もし息抜きとして触れていたはずのSNSで、「自分も有名になりたい」「なんで私は注目されないんだ」「成功者がねたましい」といったような焦りや負の感情が湧いてくるようであれば、一度距離を置いて、自分にとって何が大切かをゆっくり考えた方がいいだろう。

コラム　VRとAIは自己変革への希望となるか

そういえば、後輩の安野貴博くん[*3-5]（2024年の東京都知事選に出馬し活躍していたので、知っている方も多いと思う）とイベントで登壇した際に、彼が面白いことを言っていた。VRチャットなどで3Dアバターを身にまとって生活していると、だんだんそれが自己と同一化していき、他の人がその見た目を使っていると強烈な違和感を覚えるようになるそうだ。また、それは自らだけでなく、交流している話し相手にも影響を与えるらしい。例えば、年老いた人の姿をしていれば年老いた人相手のように、女性の外見をまとっていれば女性相手のように、中身は安野くんであるとわかっているにもかかわらず、自然と態度や口調を

*3-5　正確に言うと、中学、高校、大学の学部、学科、ゼミでは後輩にあたる。一方で、作家としては1年先輩である。代表作に『サーキット・スイッチャー』『松岡まどか、起業します　AIスタートアップ戦記』（共に早川書房）『1％の革命』（文藝春秋）がある。

変化させてしまうという。

このことは、自分が何者であるかは、内面的な要素のみならず、外面的な要素によっても定義され、VRの世界ではそれを自由に選択できることを示唆している。そして、周囲の人の態度の変化も、それをより強化するだろう。自分がどうありたいかを自分で決められるというのは、なんとも素晴らしいことではないか。今のところの難点は、それをリアルに持ち出せないという点だが、いつかはそれも解決されるかもしれない。

私はその対談の中で、星新一のショートショート作品を引き合いに出して、コミュニケーションにAIを介在させることで、翻訳のみならず個別にパーソナライズされた、望ましい反応を引き出すような機能を作れるのではないかと提案した。例を挙げれば、丁寧な言葉遣いだったり、古風な言葉遣いだったり、逆にギャルっぽい若者言葉だったりを好ましく思う人がいる。それぞれに対して、今のところ発話者は一つのしゃべり方しかできないが、間にAIが介在すれば、それを聞き手にとって魅力的な言葉遣いに「翻訳」できるというわけだ。

だが、安野くんと話している中で、実はこれは話し方において、なりたい自分に向けた自己変革に使えるのではないかと思い始めた。すなわち、自分が他人にどう見られたいかというイメージがあれば、ＡＩを介在させることで、初めはイメージに沿って翻訳させ、それが続くうちに外見と同じように、自分とＡＩを同一視し、同じような言葉遣いで話すようになるのではないか、という仮説である。

今でも英語の発音などを採点してくれるＡＩはあるし、ChatGPTをコーチャーやアドバイザーの代わりにしている人がいると聞く。だがここで重要なのは、自分とＡＩを教師と生徒といった対面の関係にするのではなくて、ＡＩが自分の延長、外装であり、自らの一部であるという位置へと置くことにあると思う。

これが実現すれば、アバターと違って、話し方であればリアルに持ち出せるのも利点である。ＡＩに仕事が奪われる、権利が侵害されるといった暗い話題だけでなく、なりたい自分に向けて人をエンハンスしてくれるＡＩというのも、これから増えていくといいな、と思う。

第4章

フェイクとハルシネーション時代のコミュニケーション術

現代におけるインターネットの重要性は、強調してもしすぎることはない。そしてその本質は、情報交換の根本的な変化である。人は社会的な動物であるが、全ての社会的関係は必然的にコミュニケーションを伴う。だからこそ、そこに影響を与える技術の発展には、とても大きな価値がある。

今ではほぼ全ての人がスマートフォンを手にし、それと毎日顔を突き合わせている。従来であっても、例えば新聞は誰もが読んでいたが、その内容は一定で、持っている人によって書いてあることが変わったりはしなかった。しかしスマホの場合、例えばあなたと私で1日のうちに表示された内容は1%も被ってはいないだろう。それが全人類に対して起きており、すなわち我々は日々パーソナライズされた全く別の情報を大量に得ながら生きているということだ。これは人類の歴史上、かなり特異な状況であると言っていい。

一方でAI、特に生成AIは、情報の整理と生成という面で、飛躍的な発展を遂げている。ブラウザと検索エンジンの登場によって効率化した情報の流通経路は、AIの登場を受けてどのようになっていくのか。そして我々は、それとどう向き合っていくべきなのだろうか。

情報流通の変化により、経験はその価値を増していく

インターネットやSNS、そしてスマートフォンの登場は、我々の生活様式、ひいては情報の経路を大きく変化させた。あなたは1日何回、あるいは何時間、PCやスマホの画面を見ているだろうか。最近の機種にはスクリーンタイムといった計測機能があるので確認してみてほしい。研究によれば、人々は自分が思っている2倍の回数、スマホに目を向けているらしい。そしてきっと、想像よりもはるかに長い時間、画面と顔を突き合わせていることに驚くだろう。

インターネットが発展する以前にも、新聞やテレビというメディアは存在し、人々はそこからニュースを得ていた。だが、メディアには新聞なら配送、テレビなら電波という相応のインフラが必要で、そのために情報の発信者には相応の資本や信用、あるいは責任が求められた。

だが今や、誰もが数秒で全世界にメッセージを発信できる。よく言えば、「誰が言った

か」ではなく「何を言ったか」が重視される世界になったとも言えるのだが、現実はそうなっていない。情報流通のプラットフォームがアテンションエコノミーに支配されている世界では、「何を言ったか」というより、「それがどれだけバズるか」で情報の流通が決まってしまうのだ。そこに匿名性が加わって、誰が言ったかわからない、それどころか、真実かどうかすらわからない情報が一人歩きするようにもなった。

さて、あなたが何かを調べたいと思ったとき、どこに当たるだろうか。あえてネットを使わないとしたら、選択肢としては誰かに聞くか、図書館に行くくらいだろう。一方で、ネットで検索する、ネット掲示板で聞く、SNSで聞く、といった方法の方が、レスポンスも早く、より多くの情報が集まるに違いない。

私などは小説を書くにあたって、訪れたことがない地を選ぶことがある。古代エジプトの小説を書くにあたって、古代はもちろんのこと、現代のエジプトすら行ったことがなかった。エジプトのことの多くは本で調べたが、その後に書いた短編などでは、海外のある町をGoogle Mapで検索し、ストリートビューで街並みを確認することで、現地に行ったつもりで雰囲気を想像していた。住所を調べ、だいたいの家賃を調べて、登場人物の財政状況を見立て、きっとここのレストランに行ったり、洗濯機は置けなくてここのランドリーに行ったりしているんだろうな、とリアルな生活を想像して、創作に活かすこともある。本当に便利な世の中になったものだ。

だが、いくら多くの情報が手に入るからといって、それだけでわかったつもりになるのが賢明だとは言えない。かの有名なアルバート・アインシュタインの言葉に、"Information is not knowledge."というものがある。つまり、「情報は知識とは言えない」ということだ。そしてその後には"The only source of knowledge is experience."と続く。訳すなら、「知識の源は経験のみだ」といったところだろう。

もちろん、アインシュタインがそう言ったころに比べて、現代でアクセス可能な情報は数千万倍、数億倍になっているだろうから、情報の集積は知識に肉薄しているという考え方もできる。だが私は、それでもやはりアインシュタインの言葉に同意するところが大きい。情報はしょせん情報に過ぎず、一過性で役に立つことがあっても、身の内に蓄積するものではない。

先日、小説の出版後に念願のエジプトに行く機会を得たのだが、遺跡の圧倒されるような大きさにしても、実際に炎天下で砂漠を歩く体験にしても、やはり読むと見るとでは大違いであった。中には資料を調べるだけで本質をとらえてしまうような天才もいるのだろうが、これから物書きを続けていくうえでは、やはりいろいろな経験を積み重ねていくことが重要だと私は考えるようになった。

一方で、これからの世の中でどんな情報に価値があるかと言えば、それは個人の体験に依拠するものかもしれない。今や、百科事典に書いてあるような、誰から見ても変わらない情報というものは、生成ＡＩへのアクセス権さえあれば、誰もが等しく平等に手に入れられる世界になっている。その情報を、他人を介して手に入れることにはもはや価値がなくなっていると言えるだろう。逆に言えば、ある町のレストランを、平均星いくつかのランキング一覧で調べることもできるが、それよりは好きな人が食べ歩いた経験談に基づいて決めたい。あるいは、ある博覧会の様子を、３Ｄで再現したデータで見ることはできるが、実際に見て回ってきた人の感想を聞きたい。そういった情報の方に、重きが置かれるようになるかもしれない。

そして、ＡＩ時代のＡＩとの付き合い方において、知識を得たとしても最終的にどう行動するかを決めるのは人間であることを忘れてはならない。今のＡＩは、まるで人間のように多くの示唆を与えてくれる。だから誰かに何かを聞かれたとき、自分がわからなければ、ＡＩにそれを尋ねて、その答えを直接返すこともできるだろう。だが、いくら外部的な知識としてＡＩがあっても、それを知ったうえでどう振る舞うか、何を言って何を言わないかは、あなた自身が判断すべきことである。その判断や意思決定の多くがよって立つところは、個人的な経験に他ならないだろう。

だからこそ、前の章でも述べたように、これからの時代には、人間的魅力は一層その価値を増していくと私は予測している。誰もが使えるＡＩは、強力ではあるが競争力にはならない。自ら知識を蓄え、いろいろな経験をし、教養を身に付け、魅力ある人間になっていくことが、ＡＩ時代の生存戦略の一つであると言えるだろう。

悪意のあるフェイクと、悪意のないハルシネーション

ＳＮＳをはじめとするインターネット上では、玉石混交の情報が飛び交っている。その中には、決して少なくない数の嘘が紛れ込んでいる。悪意のない誤情報も厄介ではあるが、中には明らかに他者を誤認させようとする、悪意に満ちたフェイクも含まれている。

SNSにはユーザー検索機能がある。そこで何人か、有名人の名前を検索してみるといい。例えば、芸能人や上場企業の社長など。検索結果を見ると、同じ名前、同じ写真で、複数のユーザーが登録されているケースが散見される。これらは全て〝なりすまし〟、すなわち偽物である。プラットフォームには通報機能があり、私も自分や友人のなりすましを見つけたら通報するようにしているが、それでも多くの人のなりすましアカウントは依然として根絶されていない。プラットフォームが真贋《しんがん》を審査する手が回っておらず、新しいアカウントを作る方がはるかに早くて簡単なことから、いたちごっこの様相を呈しているのが現状だ。

こうしたアカウントは、投資詐欺に使われることもある。「あの有名な成功者が言っているから間違いないだろう」という人間の先入観、いわゆる権威バイアスを利用した手法で、多額の金銭をだまし取る手口だ。2024年4月には、いずれも著名な起業家である前澤友作氏と堀江貴文氏が自民党の勉強会に出席し、SNSの運営事業者を規制するなど具体的な対応策が必要だと訴えたこともあった。[*4-1] そんな流れを受けてか、昨今では「情報流通プラットフォーム対処法（情プラ法）」が公布され、規制に向けた動きも見られている。

こういった明らかな詐欺行為は、今後減ってはいくだろうが、嘘の情報を流す目的は金品だけとは限らない。例えば、芸能人のスキャンダルなど、根も葉もないゴシップを流布したり、特定の政党に関する偽の噂話を流したり、特定の人種から受けた仕打ちを体験談のように書き込み、悪し様にけなすことによって差別を助長したりと、ＳＮＳを悪用する方法はいくらでもある。我々はこうした悪意に、常にさらされて生きている。

　では、気をつけて見ていれば嘘を見抜けるかというと、そうとも言い切れないのが難しいところだ。技術の発達により、まるっきり本物にしか見えない写真や動画を作ることは、年々容易になってきている。例えばDeepfakeという手法は、ＡＩを使って動画の中の顔を置き換えることができる。これを使えば、本来とは全く異なる人が特定の発言や行動をした動画をいくらでも捏造できてしまう。

　また、生成ＡＩの発展に伴い、ゼロから架空の画像を作ることもできるようになっている。例えば、トランプ大統領がＡＩによって合成された警官たちに囲まれ、逃走し、刑務所のジャンプスーツを選ぶ画像が作られたという話もあった[＊4-2]。これは到底許されることではないが、すでに３００万回以上も閲覧されているという。

＊4-1 https://www.jiji.com/jc/article?k=2024041001004&g=pol

そんなのネット上のことでしょ、と思うかもしれない。だが、想像力を働かせてほしい。見知らぬ何者かによって、あなたが誰かを殴り、手錠をかけられ、刑務所に入る動画を勝手に作られていたら、どう思うだろう？　しかもそれを、両親や、配偶者、あなたの子供、あるいは同僚や上司に送られたら？　決して愉快なことではない。しかし、他人事ではないのだ。あなたの写真がたった1枚あれば、十分に可能なことである。

こうした悪意を持った活動は言うに及ばず、拡散によってそれに加担しないこと、同時に、目の前の情報に飛びつかず、慎重な姿勢を保ち続けることは、今後、情報に触れるうえで必須のスキルである。

フェイクとは異なる観点であるが、ハルシネーションという概念も併せて覚えておきたい。これは生成ＡＩ特有の現象で、日本語に訳すと「幻覚」という意味である。本書でこれまで述べてきたとおり、生成ＡＩは生産性を向上するうえで非常に役立つものである。一方で、その全てが必ずしも正確ではない。ＡＩは質問に答えようとして、もっともらしい嘘を平然とついてしまうのである。

例えば、「日本を代表する小説家を１００人教えてください」や、「ｘｘに関する論文を教えてください」と聞くと、実在しないものが紛れ込んでしまうことが多い。いや、正確に言うと多かった、と言うべきだろう。過去のモデルでは3桁の数の因数分解でも堂々と間違えていたものだが、昨今のモデルの改良に伴い、ハルシネーションはずいぶん減ったように思える。だがしかし、原理的に一定程度は存在してしまいうるものなので、注意が必要だ。

当然、ＡＩのやっていることで、そこに悪意はない。だが、一定の確率で誤りが紛れ込んでしまうのは事実である。一方で、だからといって、生成ＡＩの利用をやめるべきとも言えない。我々はそれがどのようにもたらされたものであっても、一定の嘘が紛れ込むかもしれないと認識したうえで、裏づける事実の確認を忘れないよう慎重な姿勢を持つべきであろう。

＊４－２ https://wired.jp/article/how-to-tell-fake-ai-images-donald-trump-arrest/

ビジネスパーソンの必須スキル：空・雨・傘を区別する

空・雨・傘というフレームワークを聞いたことがあるだろうか。これはコンサルティングファームなどでよく使う、ロジカルシンキングのフレームワークである。情報は3種類に分類できるというものであり、空は事実、雨は解釈、傘は打ち手を指す。インターネットを通じていろいろな意見や主張が飛び交う昨今において、このフレームワークは必須の考え方であると思う。もちろん、ビジネスにおいても非常に有効だ。それぞれをもう少し、具体的に説明しよう。

初めに、空である。例えば、「空が曇っている」という情報がこれにあたる。もう少し細かく言うと、「アメダスによれば、今私たちがいる東京都港区のX%の範囲に雲がかかっている」ということまで言えれば、解釈の余地がない、事実として共有可能なものになるだろう。これは、立場によって変わらない、客観的な事実である。

次に、雨である。これは、「雨が降りそうだ」ということで、事実に対する解釈や事実に基づいた推論を指す。だが、これに決まった正解はない場合もあるうえ、たとえ空が曇っているからといって雨が降るかどうかの予測精度は人による。雲の色や形、量を読み取る能力にも、それを解釈する能力にも依存するだろう。私もある程度の予測は立てられるが、気象予報士ならばより高い精度で解釈できるはずだ。だがそれでも、事実に対してビジネス上妥当であろうという解釈は存在し、経験を積むことで精度も上がっていく。経験豊富な経営者は、同じ事実からでも他者より鋭い直感や優れた洞察を得られることがあり、このようなインサイトも雨の一種と言えるだろう。

最後に、傘である。これは「だから、傘を持っていこう」というように、状況や解釈に応じた打ち手、アクションを指す。雨が降りそうだとなったとき、傘を持っていく代わりに「タクシーに乗っていこう」、あるいは「外出するのはやめておこう」も打ち手、すなわち傘である。しかし、その時々の空と雨を踏まえ、最適な傘というものがあるはずだ。ほとんどのビジネスは、空と雨から最適な傘を探し、実行することの繰り返しで前に進む。ゆえに、空や雨のレベルにとどまらず、最適な傘を考えることこそが、知的労働の本質であり、最も重要な仕事だと言っても過言ではない。

ところで、なぜこのような分類が大事なのか、と思うかもしれない。それは、コミュニケーションにおいて、特に意見の齟齬《そご》や衝突、わかり合えないということが発生するときに、それが空・雨・傘のどこで起きているかを認識することがとても重要だからである。

このフレームワークを知らない多くの人は、空と雨をごちゃ混ぜにして話したり、空と雨をすっ飛ばして傘から考えたりする。結果、コミュニケーションがめちゃくちゃになり、上司から「君が何を言いたいのかわからん」と言われることになる。このフレームワークを利用することで、そうした事態を避け、お互いの認識をそろえ、円滑なコミュニケーションを実現できる。

具体的には、例えば会話の相手と空の時点で齟齬がある場合、必要なのは情報の共有か、あるいは事実の誤認がないか確かめることである。ある企業の昨年の売上や、どの事業に参入／撤退を表明したか、あるいは原油価格やドル／円のトレンドなど、事実を知っている・知らないによってその後の意思決定は変わってくる。だからこそ、会話の前には事実認識にずれがないかを確認し、あれば埋めなければならない。ここがずれたまま解釈や打ち手をぶつけ合っても、合意に至れないのは当然である。

無論、空に関して、暗黙の了解というものは数多くある。極端な話、「ここは日本である」といった事実はわざわざ口にすることはなく、両者が理解していることだ。そのように、省いていい事実と省いてはいけない事実を峻別し、必要なことを漏らさず伝えるのが情報提供側の責務である。

雨に関しては、前述のとおり個人差がある。この個人差は天気だけでなく、ビジネスの現場においても生じる。だから解釈は人によってブレがあって当然なのだが、なぜそう解釈をしたのか、という説明はできるはずだ。というより、ビジネスコミュニケーションではこれをしなくてはならない。複数の有力な解釈が存在する場合、コミュニケーションの焦点は、どの解釈が最も妥当かの検証となる。傘においても同様で、そこにあらかじめ決められた答えというものはない。

結果として複数の案が提示された場合、議論で合意に至ればいいが、至らない場合、最終的には意思決定者が決断を下すことになる。しかしそれはコミュニケーションの不備ではなく、必要な葛藤である。

あなたは上司にどのような情報を提供すべきなのか

ビジネスコミュニケーションにおいては、相手の頭の中を想像することが何よりも重要である。もちろん、完璧に正確にやるのは不可能だ。だが、常にその努力はしなければならない。

あなたも、上司宛に資料を作ったり、報告したりすることがあるだろう。ここでは主にプレゼンテーション用のスライドを念頭に置いて述べるが、話の要点は変わらない。

私が見てきた中でとても多い失敗例は、傘がない資料だ。空がただ羅列された資料だったり、よくて雨を付記したりしたものである。そういった資料を読んだ上司は、"So what?"[*4-3]と思う。「傘、すなわち打ち手はこれを読んだあなたが考えてください」という資料は、ほとんどの場合価値がない。

仕事で求められるのは、打ち手である。そもそも上司というものは、あなたより職務範囲が広いものだ。それが意味するのは、上司はあなたと同じ情報を持っていないし、同じ思考の粒度でものごとを考えられない、というより、同じ粒度で考えてはいけない立場だということである。だからあなたがもし、自分の調べた知識を並べ、上司に同じ知識を持ってもらったうえで、雨と傘を一緒に考えてもらおうとしているなら、それはまずい態度であろう（そういう組織もあるのかもしれないので一概に否定はできないが、私にはひどく非効率に見える）。

では、あなたはどうするべきなのかというと、まず結論として傘を示すべきである。こうすれば、傘のない資料にはなりようがない。ただ、傘だけ書かれても、読み手にはその妥当性はわからない。ゆえに、なぜその傘が最適かという雨を記載し、それを補強する必要最低限の空を示すべきである。

そしてそこにおいて最も重要なのは、空・雨・傘が一貫性のあるロジックで裏打ちされていることにある。「私はこうした事実と解釈から、こうするべきだと思いますが、異論はありますか。なければ打ち手を実行します／実行してください」というメッセージだ。傘とは未来に対する打ち手だから、絶対の正解はない。だが、確実に間違っている打ち手は

＊4－3　だから？　何が言いたいの？　ということ。これ自体が成句としてビジネス用語としても使われる。

ある。それは、空・雨・傘に論理的一貫性がない打ち手である。あなたの仕事は、必要な空を収集し、分析・解釈を加えて雨と成し、最良と思える傘を論理的に一貫した形で作ることである。

これは、相手が上司でなく取引先であっても同じである。当然だが、上司と取引先では共有している前提事実、すなわち空が異なるだろうから、資料に書くべき内容も変わってくる。それに加えて、知ってはいても書いてはいけないことも出てくる。多くの企業では、部門内でもファイアーウォールが設けられ、例えば競合にあたるクライアントの機密情報を知っている者は案件にアサインできないなどの対策を取っているだろうが、機密情報というのは自社内をはじめ他にもあるだろうから、情報の扱いにはくれぐれも慎重を期すべきである。

さらに一段上を目指すなら、読み手を固有名詞で意識する、というのは重要なテクニックである。いざ資料を作る段になると、想定される読み手を平均化し、及第点の資料を作る人が非常に多い。形式としては整っていて、悪くはないが良くもない資料である。社内に何かを周知するような資料でもない限り、これは非常にもったいない過ちを犯している。

冷静になって考えると、会話だったらそんなことはしないだろう。同じ話題であっても誰と話すかによって、補足する背景情報も、話し方も異なるはずだ。資料もまたコミュニケーションツールの一つであり、会話と比べて情報を高密度化し、整理しているだけで、本質は変わらない。だからこそ、その資料の読み手を思い浮かべ、その人だけに向けた背景情報、解釈、打ち手を、最適化しアウトプットするべきである。

文章は短いほど価値がある

誤解を恐れず言おう。仕事上のコミュニケーションにおいて、文章は短いほど価値がある。わかりやすさと、微細な差を文章で表現する工夫が大前提だが、しかしそのうえで、文章は読み手のために、短く磨き込むべきである。

短く本質的な文章ほど、読み手の脳の負荷を下げ、解釈を容易にする。わかりづらい言葉、注釈、条件や場合分けなどは、それがどれだけ正確であっても、メッセージの価値を毀損しうる。

では、何を省き、何を言い換えるべきなのだろうか。そこにこそ、相手の頭の中を想像する余地が生まれる。相手が知っていることは、書かなくていい。知らないことで、意思決定に影響を与える事実は、書かねばならない。そして、言葉の選択は重要だ。「希求」と「追求」のニュアンスの違いを説明できるだろうか。よく似た言葉だが、文脈によって適したものが必ずある。

例外的に、各種の報告書など、詳細な事実こそが大事な文書もある。それは事実を細大余さず読み込むことが読者の要求だからで、あくまで例外である。普段の資料や会話でそれをやられたら、コミュニケーションがいかに非効率的になるかは想像に難くない。

特に、理屈っぽい人、自分の論理に絶対的な自信を持っていたり、レスバ（テキストでの口論）が多く負けず嫌いだったりする人に多いのだが、文章が長く、補足が多く、あらゆる反論をあらかじめ封じておかなければ気がすまない人の書く資料やメッセージは、とても読みづらい。そうした文章を書く人の気持ちもわかる。きれいな論理展開や詳細な背景情報を書き込んで、仮想の議論相手を論破していく作業は、さぞ心地良いだろう。だが、それは書き手のエゴであり、捨てるべきナルシシズムである。ビジネスにおいては害であると、あえて言い切ろう。

特に読み手が多くなるほど、文章を磨き込むことで得られる価値は高くなる。読むのに10分かかる資料の要点を2分にまとめられれば、1人あたり8分の時間を節約できる。100人、1000人の組織でそれが積み重なると、馬鹿にならない時間の差が生まれる。

文章には省ける語があるし、より適切な言い換えが常にある。そうやって文章を磨き込むのが書き手の仕事である。テキストチャットで発言するとき、何も考えず、思いついたまま言葉を羅列し、内容に間違いがないかだけざっと確認して、発信してはいないだろうか。書き手が時間をかければかけるほど、受け手は解釈が簡単になる。これがコミュニケーションの原則にして真髄である。1対多なら言うに及ばず、1対1であったとしても、時間単価の高い相手に解釈を押しつけるのは会社にとって間接的に損害を与えているかもしれない。とはいえ実際は、時間単価の高い人ほど、洗練され、あるいは芯を食った文章を書くケースが多いように思う（因果は逆で、そうしたメッセージを書ける人が昇進していくのだろう）。

コンサルタントがパワポのライティングに時間をかけているのもこのためだ。彼らの資料は、何時間かけて作ろうとも、一定の水準に達していなければ上司に〝燃やされる〟。破棄され、一から作り直しである。だが、頭に浮かんだことをただ書いているだけで、いい資料など作れるはずがない。必要な論理展開を自分の中で整理し、言葉を磨く訓練を通じて、相手が誰であろうとわかりやすく、本質的なメッセージの書き手が生まれるのである。

重要な概念には名前がつく

大切な概念、繰り返し表れるパターンには名前がつく。それをパターン化し、区別することで、脳は情報処理を効率化している。

空・雨・傘はまさに好例だ。知っている人同士であれば漢字3文字で片づく（例えば、相手の資料が読みづらいとき、「空・雨・傘を整理してからもう1回持ってきて」という指示だけですむ）概念が、いざ説明するとなると先ほどの私の文章のようになってしまう。これだけでも、名前をつけることの偉大さがわかる。

他の例を挙げると、あなたが麻雀をたしなむなら、「ウーソーのスジ」と言われたら、リャンゾー、パッソーのことだとすぐにわかるだろう。スジ、というのは麻雀のルールで定義された用語ではない。にもかかわらず、パターン化に価値があるため、その概念には固有の名前が自然につけられ、打ち手の思考や情報交換の効率化に役立っている。あるいは、あなたが格闘ゲームのプレイヤーなら、「そのキャラの起き攻めはグラ潰しよりシミーの方がリターン高いよ」というアドバイスでプレイが改善するはずだ。ポケモンに興味があれば、「6世代の結論パ」と言われれば、ガルガブゲンボルトバシャスイクンが思い浮かぶだろうし、「信用可能ゲッコウガ」と言えば、すばやさと耐久を調整することで行動保証を得るという意図が一言で伝わる。

専門用語や業界用語は、かっこうつけるためにあるのではない。これらを別の言葉で説明しようとすると、数倍から数十倍の文字数を要し、非常に大変なうえ、微妙な差異やニュアンスが失われてしまうから存在するのだ。そのパターンをよく知っている人同士の会話であれば、短い言葉に多くの情報を持たせることができ、特にニュアンスも含めた正確な意味を付与できるので、コミュニケーションが効率化される。

第2章で「Apple to Apple」という言葉をあえて使ったが、これは次元や粒度がそろっていることを指していて、日本語でぴったりはまる表現を私は思いつかなかった。どうしても他の言い換えでは細かいニュアンスが欠落してしまうことに加え、多くの文字を要するので、これが最適な言葉と判断したのである。小説のみならずビジネスコミュニケーションにおいても、言葉には徹底的にこだわって損はない。そういう観点からも、語彙《ごい》を増やすことは有用だ。それによって思考の奥行きが深まったり、情報の解析が効率化されたりする。

一方で気をつけなければならないのは、ある用語が、業界が異なると別のニュアンスで用いられることもあることだ。第1章で触れた「中央値の人間（median human）」もそうであるが、他の一例として「マリガン」を挙げよう。もしこの言葉を知らない場合、これは人名だそうなので、音の響きから意味を類推することは難しいだろう。ゴルフ好きの人ならご存知のとおり、朝いちの第1打でミスショットをした場合、それをなかったことにして打ち直す行為のことである。これは公式なルールではないので、いつでも認められるものではない。相手によっては顰蹙《ひんしゅく》を買うこともあり、競技ゴルフなら失格になる可能性もあることで、どちらかと言えばマイナスイメージがある、歓迎されない行為である。

一方でこの用語はトレーディングカードゲームに輸入されており、山札から引いてきたカードが気に入らないとき、一定のペナルティのもと引き直すことを指す。ペナルティの種類によって「バンクーバー・マリガン」や「ロンドン・マリガン」といった派生語も存在するが、こちらのマリガンはルール上規定された権利であり、そこに相手から非難されるようなネガティブなニュアンスは全くない（あえて言うと、ペナルティによって、相手ではなく自分が嫌な気持ちになることはある）。

だから、ゴルフ好きの人とカードゲーム好きの人が頭で想像する「マリガン」は、やり直しという本質は共通しているものの、その印象は似て非なるものである。だからこそ言葉の意味は字面だけで判断するのではなく、それぞれの文脈においてどのようなニュアンスで使われるのかを判断しなければならないし、そのためにはコンテキストの知識や理解が不可欠である。

ところで、ビジネスの現場で広く定着した語の一つとして、「両利きの経営」が挙げられる。念のため説明すると、「両利きの経営」とは「主力事業の絶え間ない改善（知の深化）」と「新規事業に向けた実験と行動（知の探索）」の両方の重要性を説いたもので、特に変化の速い時代において、イノベーションのジレンマを打破する戦略として世界的にも主流となっている経営手法である。この概念自体は、もともとチャールズ・オライリー教授が提唱したものだが、これを「両利きの経営」という非常にわかりやすく、なじみやすい語として確立したのが経営学者の入山章栄教授だ。

重要な概念はわかりやすく、覚えやすい名前がつき、人口に膾炙《かいしゃ》する。そして、同じことを言う際に、一言で言い切れることで、コミュニケーション効率を上げていく。これまで述べてきた情報の磨き込み、結晶化《クリスタライズ》は、程度の差はあれど、こうした正しい語の選択の積み重ねによって実現できる。一方で、どれだけ適切な語であったとしても、あまりに知られていない語ばかりを濫用すると読み手を著しく混乱させてしまうので、相手が知らないかもしれない言葉は少量にとどめるか、いっそ使わない方が良い場合もある。

ベンチャー企業ではカタカナ語が多く使われ、意識高い系などと揶揄されることもある。「コミット」というのもその一つだ。ただこれは非常に使いやすい語で、微妙なニュアンスも含めて一語で言い切れる言葉が他にないので、私もよく口にしてしまう。念のため説明すると、文脈にもよるが、責任感を持って取り組む、達成を約束する、などの意味を表す言葉だ。

他に、私が社会人になって知った言葉に「サチる」という言葉もある。これは「飽和」を意味する英単語の saturation を動詞化した和製英語で、もともとは電気系のエンジニアが一定以上に電圧が上がらないことを指していたらしいのだが、今ではビジネスの現場でよく使われる。売上がサチる、効用がサチる、成長がサチるなど、伸びていたものが一定で打ち止めになることを指して使われ、これも互いに意味が通じていれば言いたいことのイメージが伝わりやすい語であり、コミュニケーションが円滑になるのだが、私も教わるまで知らなかったし知らない人も一定数いるので、利用は避けることが多い。

最後に、特定の概念に名前がつくパターンには他にもあって、その一つが商業主義的なマーケティング目的のものである。例えば「○○女子」「○○男子」などがそれで、新規な概念ではなかったとしても、皆が同じ言葉を口にすることでバズらせたいなど、特定の流行を生み出したいときに、新しい語が作られることがある。しかし、本質的に大事なものでなければすぐに使われなくなり、皆から忘れ去られていくだろう。「両利きの経営」という言葉が今もって使われているのは、それが注目すべき重要な概念だからである。

エンジニアの職業的美徳がコミュニケーションを妨げる

実は、今まで説明してきたような効率的なコミュニケーションを苦手とする職種の一つが、ソフトウェアプログラマー、いわゆるエンジニアである。特に、職業意識が高い人ほどコミュニケーションで苦労しやすい構造になっていると思う。かくいう私も出身はソフトウェアエンジニアで、大変に苦労した。だからこそ身をもって、コミュニケーションのプロトコルを合わせることの大切さと、その効果を実感している。

なぜエンジニアが効率的なコミュニケーションを苦手とするかと言えば、エンジニアの日常の仕事では、どれだけ細かい例外も見落とさないことが要求されるからだ。if文、つまり場合分けはプログラムの基本で、「このif文で分岐するのは100回に1回だから省略してもいいや」なんて考え方はありえない。同様にエラーハンドリング、つまり想定していない不具合が起こったときでさえ、それをどうさばくかを規定する例外処理はシステムの安定運用に欠かせない機構である。だが、これらを正確に書くという行為と、コミュニケーションを効率化するという行為は、頭の使い方が真っ向から相反するのである。

例を挙げよう。あなたは来週、ある屋外イベントを予定している主担当者だ。出社するなり不安そうな顔の上司に、「来週、晴れそうかな?」と聞かれたとする。あなたは天気予報を確認しており、予報は曇り、降水確率は10%だと知っている。また、万が一雨であった場合に備え、代替の会場も押さえている。

このとき、エンジニアとしての正確な回答はこうなる。「晴れそうかと問われれば、予報は曇りなので、晴れる可能性は低いです。10%の確率で雨も降ります。もちろん、雷、あるいは、霰《あられ》や雪が降らないとも言い切れません」。これは質問に対して正確な答えだが、上司は不安になり、あなたに仕事を振ったり何かを聞いたりするのは今後避けようと思うかもしれない。

このとき言うべき言葉は、「問題ありません」の一言でいい。さらに「おそらく当日は曇りですが、万が一雨でも、会場は手配済みです」と付け足せば文句はない。実際9割はイベントに影響はないのだし、雨でも対応済みなのだから、上司の知りたいことはこれで全てである。安心してイベント当日を迎えられるだろう。

結局のところ、相手の知りたいことは何か、を予想して、それ〝だけ〟を答える、ということができるかどうかで、コミュニケーションの効率はずいぶん変わる。上司が知りたいのは、晴れるかどうかではなく、イベントに影響がないかである。エンジニア気質の回答を受けた上司は、いったん自分の中で情報を咀嚼《そしゃく》したうえで、イベント運営に問題がないか、という本当に知りたいことへの答えを自分で評価しなければならない。

これを、自分の上長、すなわち、自分と同じ解像度で事実を知っていてはいけない人にやらせることは、職務上の怠慢であると言っていい。結論だけを伝えればそれでいいし、伝えるべき事実が不足し、その結論が妥当か確認をしたいというときにだけ、さらに事実を伝えればいいのである。

ちなみに、「そもそも上司の質問が悪いじゃん。最初から、『イベントは大丈夫?』って聞いてくれよ」という意見もあると思う。それはそのとおりだ。だが、他人に完璧を求めても仕方ないし、こうした、少しずれた質問が来ることは日常で多くあるだろう。それを内心で責めたところで、結局損するのは自分である。さらに言えば、質問してくれるだけ親切だ。ほとんどの場合、質問自体がないことだってある。上長はそろそろこれを知りたいだろうな、というときに必要な情報を伝えるのはあなたの役目なのだから、質問の質などにいちいちこだわっていても仕方ない。

相手の頭の中はわからない。だが常に想像し続ける

これまでの話でも出てきたように、相手の立場になって考える、相手の頭の中を想像する、ということは、あらゆる場面で価値を発揮する必須スキルである。

商談一つ取っても、商談相手がどう考えているかによって、言うべきことは変わるだろう。相手も人間なのだから、あなたの話を聞きながらうなずいていても、今日の昼に何を食べるか考えていたり、昨日妻と喧嘩したことを後悔していたりするかもしれない。また、あなたと話す前からあなたの会社への発注を決めているかもしれないし、予算の関係で、何を言われても発注のしようがないけれど、あなたの顔をつぶさないためにとりあえず出席しているだけなのかもしれない。商談が取れるにしろ落とすにしろ、なぜうまくいったのか、ダメだったのかがわからなければ、その後取れるアクションもずいぶんと変わってくる（こういうとき、「ぶっちゃけどうすか？」と自分から胸襟を開いて聞くと教えてくれることもある。こうして教師データを増やし、学習を回していく）。

社内であっても、なぜか自分の提出した企画案がいっこうに採用されない、などといったことがある。理由を探っていくと、実は自分の部署の部長と審査委員会の責任者の仲が悪い、といったくだらない理由だったりする。だとすれば、いくら企画を練り、書類を磨き込んでも目的は達成できない。

これを解決するには、企画書の推薦者を変える、といったアクションがありうる。責任者の上長を探り出し、直接熱意を持ってプレゼンし、部長の代わりに推薦者としてサインしてもらえば、あっさり通るかもしれない。企画を練り直すより期待値が高い可能性がある。

これだって、もとはと言えば、くだらない理由で企画を却下する責任者がおかしい。だが、そんな不条理はどこにでもあるし、そんなことを言っていても仕方がない。他人を変えるのはほとんどの場合において不可能だし、自分が変わる方が早い。現に不利益が目の前にあるのであれば、他人より自分の行動を変える方が得をする場合が多い。

つらつらと書き述べたが、真の意味で相手の頭の中などわかるはずがない。そんなことは百も承知である。先の例だって、本当に責任者と上司の仲が悪いのかもわからないし、企画を落とした原因はそこではなく、企画自体の魅力がいまひとつだったからかもしれない。ただ、だからといって考えることをやめるべきではない。

かくいう私も過去に2度、自分の頭の中と他人の頭の中の想像を絶する断絶というものを感じて、だからこそ他人と付き合っていくのは簡単ではないし、考えることを続けていかなければならないと思わされることがあった。せっかくなので、ここで書いておこうと思う。

1度目は、麻雀に関するものである。友人の1人に、麻雀強者を自称する者がいた。彼を交えて麻雀を楽しんだあと、難しかった局面の何切るを検討していたのだが、その友人が明らかに不利な牌を切るべきと主張していて、「さすがに確率的に損では?」と3人から突っ込みが入ったのだが、「確率なんか知らない、これが一番強い」と友人は強弁した。よくよく聞いてみると、その友人は麻雀を打つにあたり、一切の確率を計算せず、ただ直感に従って牌を切っていた。

これは私には衝撃的だった。というか率直に言うと、恐怖を覚えた。確率を常に正確に計算することは困難だし、仮にできたとして、確率を加味したうえであえて他のシグナルを頼りに意思決定をするのはわかる。むしろ、それこそが麻雀の醍醐味だ。ただ、初めから一切確率というものを考えないで麻雀を打つというのは、私からすればなんでそんなことをしているのか全くわからず、理解の埒外《らちがい》だった。

誤解してほしくないのだが、私は事実として、友人のような考え方の人が多くいることを知っている。私の考え方はデジタル打ちと呼ばれ、批判の対象になることも多い。アナログ派、オカルト派など、麻雀には多様な打ち筋があり、そこも魅力の一つだ。だから私は、特定の考え方が間違っていると言いたいわけではなく、どちらが正しいということもないと思っている。重要なのは、彼とは中学も高校も大学も同じで、ほぼ同じコミュニティで育ってきたというのに、ここまで根本的に世界を解釈する方法が異なっているというのが、私には衝撃的でならなかったのだ。

2度目の事象は、オフィスでのごみ捨てに関することだ。当時、会社のオフィスにカプセル式のコーヒーメーカーがあったのだが、ある日、定期的に掃除をしてくれる清掃員の方がわざわざ生ごみであふれるごみ袋に手を突っ込んで、捨てられたカプセルを取り出していた。「どうかされましたか？」と私が聞くと、コーヒーのカプセルは不燃ごみなので、可燃ごみに入れてはならず、分別しなければならないという。

私は己の無知を恥じ、総務の人から小さな箱をもらってきて、コーヒーカプセル専用の捨て場をコーヒーメーカーの真横に作った。そしてメモ用紙に、「コーヒーカプセルは不燃ごみなので、ここに捨ててください」と書き残しておいた。その場所はごみ箱よりも近いので、捨てる我々も楽になった。ちょっとした工夫で皆の手間が減って、清掃員の方も感謝してくれたし、総務の人も感心してくれて、私は我ながらいいことができた、と満足していた。

その1週間くらいあとに、私がコーヒーを飲みに行くと、1人のエンジニアが先にコーヒーメーカーを使っていた。彼がコーヒーを淹れ終わったあと、カプセルをいつもの可燃ごみに捨てたので、「僕も知らなかったんですけど、そのカプセルは不燃ごみらしいですよ」と何気なく言った。そうしたら彼は平然と「知ってます」とうなずいたあと、「でも、ごみを分別するのは清掃員の仕事なので。彼らも給料をもらっている以上、僕は彼らに、ちゃんと仕事をさせたいんです」と続けて、その場を去っていった。

まさか、そんな考えの人がいるなんて思わなかったので、驚いてしまった。不燃ごみが遠いとかならわかる。だが真横にあるし、なんなら可燃ごみの方が遠いのに、わざわざ可燃という間違った方を選んで捨て、清掃員の仕事を増やすべきだと考える人がいるなんて、私には理解できなかった。そして、彼が私から見て変わった人であるなら話は簡単なのだが、何年も付き合いがあって、他の場面ではそうした違和感を覚えたことはなかったのだ。

やはり、人の頭の中というものはわかった気になっちゃいけないなあとしみじみと思った。

一方で、私自身が他人から見て理解不能な行動をしたことも当然ある。隠すのもフェアではないので書き記しておこう。それは私が起業した会社の役員を退任したときのことだ。創業者が去るということで、社員の皆がお別れ会のようなものを企画してくれた。記憶があいまいなのだが、確かコロナ禍で、リモート開催だったと思う。そこで苦楽を共にした皆がメッセージをくれたのだが、最後にサプライズで、私の妻からの手紙が読み上げられた。

別に珍しいことではないし、本来感動し感謝すべきことだろう。だが、私はわかりやすく動揺し、不機嫌になってしまった。なんというか、自分が知らないうちに職場の人が家族というプライベートな領域にアクセスし、私の了解なく会社という公の場でその内容を発表されたことを、本能的に気持ち悪く感じてしまったのである。そのサプライズをしてくれた人とは会社での付き合いだけで、プライベートで一切話したことがなかったのも一因かもしれない。とはいえ純粋に私を思ってやってくれたことで、頭では本当に悪いことをしたと思っているし、読者の皆さんも私のことを非常識なヤツと思うだろうが、やはりあれは私には受け入れられそうにない。

こうしたことを鑑みるにつれ、人の頭の中をわかった気になるなど、傲慢の極みであろうとしみじみ思う。ただ、予測を立てて、それを外し、その差分を修正するということを繰り返すと、予測精度はわずかなりと上がってくる。これはＡＩの学習と全く同じだ。１回ごとに、精度の上昇はわずか数％かもしれない。しかし、その数％分、あなたは確実に成長している。そこに努力の余地があるのならば、やった方が得するのではないだろうか。

とはいえもちろん、「やった方が得する」と、「やるべきである」は明確に異なる。あなたはやった方が得すると知っていても、やるべきではないと考えるかもしれない。どれだけ得しようと、ポリシーに反することをしないのは当然である。あなたの判断は、一番に尊重される。

だが、「やった方が得する」ことをなるべく多く知っておいた方が、取れる選択の幅は広がるだろう。レバーがそこにあると気づけなければ、引くことはできない。それだけの話だ。

「メタ思考」の癖をつける

私は個人的に、「癖をつける」とか「思考の癖」みたいな言葉が大嫌いだし、メタほげほげ、なんて言葉にも、大きなお世話だと反発を覚えるクチなのだが、ことメタ思考に関しては、やはり癖になるくらいにやった方がいいことの一つであると考えているので、涙を飲んでおすすめすることにする。

そもそもメタ思考とは何か。メタ、というのは一段上のレイヤーから客観視する、といった意味がある。最もよく聞く言葉は「メタ認知」で、自分の認知活動を客観的にとらえることを指す。例えば空腹や怒りなど、「おなかがすいた」「ムカつく！」という感覚や感情をそのまま感じるのではなくて、「お腹がすいている自分がいるなあ」とか「ムカついている私がいる」といったように自らを客観視する。これは、感覚や感情に手綱を任せるのではなく、一歩引いてそれを観察するような認知の仕方を指す。

メタ思考というのも、似たような形で、ものごとをなるべく自分の主観から切り離して客観視することである（メタ思考という言葉に違う定義があったら申し訳ない。私は自分の中のある種の認知活動を勝手にそう名づけているだけだ）。どうすればメタ思考になるか、という明確な定義は私も断言できず、例を挙げるしかないのだが、思考が行き詰まったときに前提となる先入観がないかと確認したり、自分が特定の思考に凝り固まっていないかと俯瞰的に考えたり、意見をぶつけられたときにそれを真っ向から受け止めて反論するのではなく、相手の真意がどこにあるか推理したり、そういった思考法がメタ思考に該当すると思う。

相手の頭の中を想像するのもメタ思考の一つで、例えば自分が主担当をしている案件の方針について、同僚や上司、取引先から否定的なメールが来て、「俺の仕事の邪魔しやがって、ムカつく！」と思うことがあったとする。だが、感情的な反応はいったん抑えて、「なぜこの人はこんなメールを送ってきたんだろう？」と考えるのが重要である。それは本当に反対していることもあれば、そのポーズをccに入っている誰かに見せたいだけかもしれない。あるいは、案件が進むのは避けられないと考えているが、自分は反対したという証拠を残して失敗したときの責任を逃れたいのかもしれない。

それぞれの場合において、取るべき行動は違う。少なくとも感情的にメールを返すのはもってのほかで、この案件をスムーズに進めるため、否定メールの送り手の真意を推測し、どのようにコミュニケーションをしたらいいか、と考えるのがメタ思考の一例である。ちなみに、現にこういうことが起こったら、一番手っ取り早いのはその相手にすぐ電話をかけることだろう。「ご指摘の点、ごもっともだと思いましたが、認識の齟齬がないか念のためお話しさせていただきたくて～」と口では言いつつも、主張内容そのものではなく、なぜ否定意見をぶつけてきたかを探る。

もしシンプルに反対している人なら、電話でも同じ主張を繰り返すだろうが、私の経験上、なんらかのポーズを取ることが目的だった場合、記録の残らない電話だとトーンダウンして、こちらをねぎらってくれることすらある。ただ自分の正当性を主張するだけではなく、相手の立場や頭の中を想像して目的に取り組むことで、問題解決において近道になることも少なくない。

別のケースとして、最初は案件に乗り気だった取引先が、2週間後に急に顔を曇らせ、最終的には明確な理由も教えてもらえず失注した、なんてことは、営業をしているとざらにあるだろう。おそらく、対面で話している取引先の担当者に先方社内で圧力がかかったか、あるいは取れると思っていた決裁が下りず、要するに社内のクロージングを失敗したケースだと思われる。

こうしたとき、「俺はきちんと仕事をしたのに、あいつは社内説明をミスりやがって」と相手のせいにするのはお門違いで、自分にもっとできることがなかったかと考え、次回以降に活かす方がよほど生産的だ。例えば、契約をもっと早期に巻いて書面の形で残しておくべきだったとか、相手の決裁ルートに入っている人の傾向を聞いて社内説明のための資料を提供するとか、もっと直接に、最初から決裁権者に会いにいくとか、である。他責思考を改善するのも、メタ思考の一つの効能である。

他責思考の話が出たのでついでに書いておくと、ビジネスにおいて他責思考でいると、とても損をする。自分にとってなぐさめになったり、プライドは守れたりはするかもしれないが、実利の面では悲惨の一言だ。他責思考の人は信頼されないし、大きな機会も得られず、失敗があっても改善できない。

私は自責思考と他責思考のどちらが倫理的だとか道徳的だとか、さらには人間的に魅力的だとか、そういうことはここでは言っていない。私は私生活ではかなりの割合で他責思考で動いており、「なんで○○をやっておいてくれなかったの⁉」と妻に怒って、あとで反省し最終的に謝ることになるのがしょっちゅうだ。[*4-4]

だが、ことビジネスにおいては、自責思考である方が得である。自責思考の人は信頼され、仕事が集まり、多くの機会を得られる。なんらかの損失があっても、それについて口ではなく手を動かし、今後同じような問題が起きることを避けられる。自分の性格を変える必要は全くないが、ビジネススキルの一つとして、オフィスに足を一歩踏み入れた瞬間から自責思考になるというのを試してみてもいいかもしれない。

口が軽い奴は信用されないし出世もしない

初めに断っておくと、これからここで述べることには、愚痴というか、個人的な恨みつらみが混じっている。だが、おそらく一般的に通用することではあるので、少しでも参考になればと思い書くことにする。

Need to know の原則が働いている組織では、言っていいこと、いけないことを相手によって峻別して話す必要がある。Need to know の原則とは、情報のアクセス権限を厳密に規定し、知るべき人のみに情報に触れることを許可し、知る必要がない人からは情報を遮断する、という情報管理のポリシーである。

逆に世の中には完全なオープンネスを標榜する組織もあって、それは特にエンジニアが主体となった組織でよく見かけるのだが、要するに全ての情報を全ての構成員に公表する組織、ということらしい（趣味グループなどであれば素晴らしいと思うのだが、こと株式会社においては運用が難しいだろう、というのが私の個人的な考えだ）。

そうした極端にオープンな組織を除いては、給与や人事評価に関する話とか、実は社員の誰かと誰かが個人的なトラブルを抱えているとかの問題は、マネージャーが必要があって知ったとしても絶対に他言してはいけない。そして組織外に向けて話すときも、社内の機密情報やインサイダー情報、例えば先日○○社との提携が決まったとか、投資が決まっただとかの重要な情報は、話すと大変な問題になる。だから、発言には常に気をつけて過ごさねばならない。特に経営者というのは、組織の中の情報を最も多く持っている人の1人だから、人一倍注意する必要がある。

具体的な失敗談を語ると、昔私が人事評価をしていたときに、不服を申し立ててきた社

＊4-4　どれだけ腹を立てていても心から謝れば許してくれる妻に、ここで謝意を表明する。いつもありがとう。

員がいた。彼曰く、自分の能力はもっと高いので、等級を上げてほしいという主張だった。基準を説明しても納得してもらえなかったので、私はつい、他の社員を引き合いに出して、「まだまだ能力が足りない。Sさんくらいの活躍をしてほしい」と言ってしまった。言った後で私は青ざめた。それは引き合いに出したSさんの等級を伝えているも同然だった。他の社員の等級は、給与の推測などにもつながってしまうため、当時、社内で共有しないルールになっていたのだ。

そのミーティング後、私はSさんにすぐに謝罪し、本人からは笑って許してもらえたが、そうした経験が積み重なっていった結果、話しちゃまずいことは話すまい、と強く誓うようになった。

こうして私は、一度話そうとしたことを口にする前に頭の中で吟味して、今これを話しても大丈夫か、と審査してから口に出すような習慣を持つようになった。そして今考えていることと、その考えを口にしても大丈夫か考えるという、ある種の二重思考を日常的に続けていた。それを続けていると自分のメタ視が高度に進み、ただしそれは決していいことばかりでもなく、常に自分で自分を監視しているようで、だんだん自分というものがわからなくなってくる。単に脳がめちゃくちゃ疲れるというのもあるのだろうが、自然な思考がどれだったのか、よくわからなくなってくるのだ。鏡に向かって「お前は誰だ」と毎日言い続けるとゲシュタルト崩壊が起こり、自分が誰だかわからなくなるという逸話があるが、あれに近いかもしれない。正直に言って、このままいくとなんらかの失調を引き起こすのではないかと心配になった。

今でも取締役としてある程度の情報は知りうる立場だが、社を代表するような発言の機会は大きく減って、こうした習慣もなくなったのは幸せなことだ。しみじみ思うのは、「知らなくていいことは知りたくないし、知らせないでほしい」ということである。

反対に、世の中には、野次馬気質の人たちがいる。真偽のわからない噂話が大好物で、自分に本来知らされるべきではない情報を言葉巧みに聞き出すことに快感を覚える人たちだ。そういう人たちを見ると、「のんきでいいですねぇ」と思う（もちろん皮肉だ）。情報を扱う責任を知らない人間は、絶対に信用されないし、将来重要なポジションを任されることもない。だからあなたには、責任を持って情報を扱ってほしい。そして、「ここだけの話……」と耳打ちしてくる人も信用しないこと。そういう人は、あなたが伝えた機密情報も、きっと拡散してしまうだろう。念のため付け加えると、あなた自身が口の軽い人間になるなど、もってのほかだ。

想像なのだが、知るべきでない情報を知ろうとしたり、逆に話すべきでないことを話したりしようとするのは、秘密の情報を扱うことで自分が重要人物になったと思いたいからではないだろうか。しかし、そうした行為が、その人を重要な地位から遠ざけるというのはなんとも皮肉な話だ。もしあなたが他人から特別な存在だと認められたいなら、秘密を守り続けることでそれにふさわしいことを示してほしい。

以上、個人的な愚痴も混じってしまったが、情報の取り扱いにはくれぐれも気をつけるべきである。

コラム　空はいつの時代も青いか

空・雨・傘の空について説明するとき、空は事実だ、と述べた。だが、「事実」とは何か。シンプルながら、とても難しい問いである。私見を述べれば、「何かを普遍的な事実と断定することは、人間には不可能である」と思う。*4-5 以下にその理由を述べるが、さしあたってこの本で言うところの事実は、実生活で想定される事実と同じで、「集団の中で事実とされていること」を事実とみなしておいていい。その基準は集団の性質によって、おそらく「ある特定の権威が事実だと認めていること」または「51％以上の人が事実だと認めていること」になると思われる。

＊4-5　かつてギュスターヴ・フローベールが「この世に真実などない。あるのは認識だけだ」と言ったように、人は脳を通じて世界を見ているので、それぞれの脳の中にそれぞれの事実がある、といった考え方もある。が、ここではもう少し実際的な観点で話すことにする。

なぜ事実を事実と断定できないかというと、〝この世には万有引力がある〟という単純な命題の真偽すら、究極的には答えられないからである。もちろん実生活上、その命題の答えはイエスである。地球上で生きていれば重力を感じないときはないし、万有引力の説明は教科書にも書いてある。様々な学説が万有引力の存在を当然のように前提としており、疑うことすら馬鹿らしい。しかし、200年後に同じ問いを掲げたら、あるいは2000年後、2万年後のそのときもイエスなのだろうか。実は万有引力という力はなく、他の要素によってそう見える力が働いていた、という証明がなされないと、誰が言えるだろうか。

我々が天動説より地動説を支持するのは、「ある特定の権威が事実だと認めている」ためだと思う。しかし、過去の人にとっては、天動説こそが事実であった。科学の進歩により、観測の幅は広がっているが、一方で定説とされていた説が覆されることも決して珍しくはない。そうした意味で、私は、事実には時代性や集団性があり、それらを超えた普遍的な事実というものは存在できない、より正確に言えば、その証明は人間の能力の限界を超えている、と考えている。

SNS上でも、何かの真偽について活発に議論する集団を目にすることがあると思う。有名なところでは、コロナワクチンは体に有益か、有害か、という議論だ。あなたはこうした問題の結論が自明だと思うだろうか。その意見はどのように形成されたのだろうか。周囲の意見？　ニュースや新聞、ネットブログやSNSなどのメディア？　あるいは信頼する専門家の見解だろうか。

この議論の結論はさておいて、人体のメカニズムというものはいまだ完全には解明されてはいない。専門家にとってもそうなのだから、研究に関わったことがない人がこの命題に自身の知識のみで結論を下すのは不可能であろう。そこで、各種研究機関が公表している実験結果を参照し、結論を下すことになると思うが、実験というものは非常に繊細で、事前の前提が一つ違うだけで真逆の結果が出たり、そもそも研究結果自体が特定の主張をしたいがためにバイアスがかかってしまっていたりする。

では、どの研究を信じればいいかとなったとき、一つの指標がエビデンスレベルという概念である。エビデンスレベルは、あるエビデンス、すなわち命題に結論を下すための根拠となる資料があったときに、それが根拠としてどの程度信頼に足るのか、ということを表している。エビデンスレベルによれば、最も信頼に足る根拠は「ランダム化比較試験のメタアナリシス」である。メタアナリシスというのは、複数の研究結果をメタな観点から分析するということで、要するに一つの研究結果だけではなくて、複数の研究結果を統合的に分析しましょうと言っているわけだ。逆に最もエビデンスレベルが低いのは「専門家個人の意見」である。SNSでよく目にする、「専門家の○○さんがこう言っています」というものは、学術的な根拠としては薄弱とみなされていることがわかる。

ところで、一歩引いてみれば、こうしたエビデンスレベルという概念だって、本当に信頼できるのか、と疑えてしまう。このエビデンスレベルという考え方はおかしい！　という意見を持つ人がいたっておかしくない。そう考えれば、対面して話しているわけでもないテキストコミュニケーションで意見をぶつけ合って、議論が何かの着地を迎えるというのは本当に難しいと思う。

中には、権威性を全て否定する人たちも現れている。非中央集権主義者とも呼ばれる彼らは、なんらかの権威に依存することを嫌い、合議によって事実を決定することを望み、今やインターネットがそれを実現してしまった。

あなたは〝DAO〟や〝Web3〟という言葉を聞いたことがあるだろうか。それを実現する技術としてブロックチェーンがあり、一例として最も有名なのがビットコインである。ビットコインはまさに非中央集権主義を体現した存在で、Decentralized（分散的）な考えに従って設計されている。だから、ビットコインの取引を管理している特定の組織というものは存在しないし、万が一誤送金をしてしまっても、「Alice から Bob への送金は誤りだったから、組み戻しをしよう」などの裁定をしてくれる何者かも存在しない。さらに言えば、正規の取引だったとしても「やっぱりあの取引はなしで」という主張に半数以上の人（正確に言えば、マイナー）が同意すれば、過去にあったはずのビットコインの取引は否定され、それが新しい〝事実〟となる（この手法を使ったクラッキングには、51％Attack という名前がついている）。

日本の銀行という、「国家という権威を信頼する必要がある代わりにとても使いやすいフレンドリーな仕組み」に親しんで生きている人々にしてみれば、そんな危うい状況で巨額のお金が動いていることに驚くかもしれないが、実際、そんなことをするインセンティブが発生しない、つまりそうした歴史改竄《かいざん》をすれば攻撃を仕掛けた側が損をするように、様々な仕組みが設計されていることで、ビットコインは成り立っている。

中央集権主義と非中央集権主義のどちらが正しいというつもりは私にはない。結局、何を事実と認めるかは、主観から始まり、話し相手、そして集団の中で共通認識として規定されるしかないのだろう。我々の中ではこれが事実だ、ということであり、それ以上でもそれ以下でもない。

話の風呂敷を広げすぎてしまったが、ビジネスでなんらかの情報を扱うのであれば、そういった認識でいれば差し支えはないと思う。

第5章

経営者になってわかった、成功するための心構えとスキル

私は、昔からずっと経営者を目指していたわけではない。まえがきにも書いたとおり、カービィになりたかった時期もあれば、博士を志していたこともある。というよりも、実のところ大学3年生になるまでは、自分は理系の大学院を出て日本の電機メーカーに就職し、安定的な職場で働くのだと思っていた。いったい何がきっかけで、こんなことになってしまったのか。そして、起業、上場、長年の経営を経て、どのような考え方を身に付けるに至ったか。時代背景もあり、再現性のない一例に過ぎないが、書いておくことで参考になる部分もあろうかと思うので、ここに記しておく。

なぜ、私は経営者の道を選んだのか

まずは思い出話から始めたい。私の人生の転機は大学3年生のときであった。今振り返ると、当時の私は本当につまらない人間だった。ルールはどんなに細かいことでも遵守し、それを破る人に批判的な態度を取っていた。また、リスクに対して非常に過敏であり、何か悪いことがあったらどうしよう、とパラノイア的に考える癖があった。先入観にとらわれず自分をメタ思考しよう、などと言っている今の自分とはまるで別人である。とはいえ今でもルールを破ることには精神的な抵抗が強くあり、なるべく破らず、誰も損しない道というのを常に探している。

さて、大学も3年になって就職を考え始めたときのことだ。当時私が所属していた東京大学工学部システム創成学科では、大学院の修士課程に進学するのが普通であり、学部卒で就職する人は「あいつ、就職するらしいよ」と話に上るくらいの扱いだった。確か、就職組は3、4人に1人くらいだったかと思う（それでも、東大工学部全体の平均よりは多い方だったように記憶している）。さらに起業となると、同じクラスだった南野充則くん（元 FiNC Technologies CTO、CEO）や、学科は異なるが授業が被っていた松本勇気くん（元 Gunosy CTO、現 LayerX CTO）が後に起業するくらいで、大変に稀なケースであった。当然当時の私も起業など考えもせず、ただ、時間が空いたからなんか難しい資格でも取ろうかな、と弁理士の勉強をしているくらいであった。

そんな私の運命が大きく変わり始めたのは、3年生の年末だ。当時、ディープラーニングが広く使われ始める前のことで、松尾豊研究室も今ほど注目は集めていなかった時代だが、私はもともと人工知能に興味があり、しかも松尾先生のゼミは内容がプログラミングであったので、すでにゲームを趣味で個人開発していた私にとっては有利な課題で、このまま単位を取りつつ松尾研に進学したいと思っていた。そんな折、ゼミの打ち上げに、ふらっとH先輩が遊びに来た。

H先輩は、今まで会ったことのないタイプの人だった。東大の大学院を休学中とのことだったが、他の学生にはない独特のオーラがあって、とても自由な人に見えた。動物に例えるなら猫のようで、実際に猫を飼ってもいた。有り体に言って非常にうさんくさくも見え、ただ頭の回転はすごく速く、考えも合理的で、初めこそ警戒したが、すぐに打ち解けた。

そのときの会話の流れで、私がFlash（当時携帯端末向けに主流だったアニメーション技術）でゲームを作ったことがあると言うと、今ソーシャルゲームを作っているから明日からバイトに来てくれないか、と突然誘われた。それでのこのことオフィスに行ったところ、H先輩は仲間2人と起業したばかりで、携帯電話（今で言うガラケー）向けのソーシャルゲームを作っているのだが、肝心のFlashエンジニアが見つからなくて困っていたとのことで、私は4人目の仲間としてチームに加わりゲームを作ることになった。

それから働き始めて半年くらいで、二つの大きな驚きがあり、私のマインドは変化していった。一つ目は、勝手に物を売ってもいいんだ、という驚きだ。今でこそある程度社会の仕組みをわかっているが、当時はこれが本当に衝撃的だった。私は、物を売るには免状のようなものが必要で、それが物理的なものであろうとデジタルコンテンツであろうと、勝手に人に売ってはいけないものだと思い込んでいた。一方で、当時のソーシャルゲームはプラットフォームに乗っていて、もちろん特定商取引法の記載などは必要であったが、APIとつなげばすぐに課金の機能ができた。初めのうちは3000円くらいの課金アイテムが売れるたび、こんなに簡単に物が売れてしまうのか、と恐れおののいたものだ。

二つ目は、その4人で働くのが本当に楽しかったことだ。今までの人生を振り返っても、働いていて一番楽しかったのはあの時期で、それが私の原体験になっている。当初、私の参加前に皆が計画していたゲームのタイトルは『リア充狩り』というもので、リア充の悪事の証拠を見つけて信用を失墜させるゲームだった。残念ながら（当然に）コンプライアンスの問題でストップがかかり、ドラゴンを育てて戦わせるゲームに軌道修正したが、自分からは全く出てこない発想を持った人々と過ごす日々はとても刺激的だった。

そして、そのソーシャルゲームは月に300万〜400万円ほど売り上げていて、自分たちの人件費をひとまず無視すると、50%くらいが粗利として残っていた。当時の市場ではエンジニアといってもそれほど派手な給料ではなく、これを4人で割ると、新卒未満の大学生の月給としては十分なお金が残った。

それで思ったのが、こんなに楽しく働いて、大金とまでは言えないまでも十分なお金が手に入るなら、それより給料の低い職場に入るのって、なんの意味があるのだろう、ということだった。そのうち弁理士の資格も無事取れて、この先なんとでもなるだろうと思った私は、院への進学を目指すのをやめてしまい、就職活動もしなかった。

ちなみにその後、メンバーの1人が大学院卒業と同時に就職してしまい、それをきっかけに残りの面々も独立していくことになった。それからはそれぞれの道を歩み始めることになったが、今でも時々集まって思い出を肴《さかな》に飲むくらいに仲良しだ。[*5-1] そして今、私が経営者として活動できているのも、あの日の経験があったがゆえである。

その後私は弁理士として生計を立てつつ、半年くらいたってまた別の先輩と起業をすることになる。その会社はPKSHA Technologyと名前を変え、後に時価総額1000億円を超える企業となり、今でも東証プライム市場に上場している。

今思い返しても、いろいろな偶然が積み重なったことで、私は今ここにいる。大概の人にとってもそうだろうが、今の自分をつくり上げているのは奇跡のように思える人々との出会いだ。たられればを考えても仕方ないが、例えばあのゼミの打ち上げを私やH先輩が風邪で欠席していたら、我々4人の人生も、私が立ち上げた会社に関わっている人たちの人生も、大きく変わっていたはずである。

そう考えると、今ここにいられるのは単なる幸運でしかない。だが、運をコントロールすることはできないし、しようとしても無意味だろう。まさに、人事を尽くして天命を待つしかないのだ。この章では、その人事を尽くす部分について、今までの経営人生で参考になりそうなところを書いていこうと思う。

＊5－1 メンバーの1人の日野瑛太郎さんは、その後第70回の江戸川乱歩賞を受賞した。小説家としても大学の先輩後輩としても、交流が続いている。

一生懸命やる。そのために、自己理解を高める

私の思想の根本は、「斜に構えていると損をする」というものである。実際、一生懸命やっている人を馬鹿にしたり、悪口を言ったりする人は多い。自分が頑張るよりも、頑張っている誰かを悪く言うのは簡単で、楽である。にもかかわらず、攻撃していた相手が成功したり、周囲に評価されたりし始めると、それが許せず、怒り始める人もいる。「怒りは貧者の娯楽」という言葉もあるが、金銭的にというよりは、心が貧しい人の娯楽であると思う。

究極、他人などどうでもいいではないか、と私は思う。誰かの成功をねたんだところで、自分の何かが良くなるわけではない。そのエネルギーを前に進む原動力にする方がよほどいい。第一、誰かをねたむのはその人を知っているからであって、自分の知らないところで知らない人たちに評価されている人をねたみはしないだろう。知らないのだからねたみようもない。たまたま知っている人だからといって負のエネルギーを向けることに、正当

性などあるはずがない。

観察すべきは他人ではなく、自分である。人から聞いた言葉で非常に印象的だったのが、「個性とは、世界の平均からの差分である」というものだ。あなたは世界の平均だろうか。そんなはずはない。だとすれば、その平均からのずれが、あなたの個性ということになる。

そして、平均からのずれは、訓練によって大きくなることもあり、何かで卓越するにあたっては、粘り強い努力が必要不可欠である。だが、時間割引率が高くなりがちな今では、それがとても難しい。目の前に楽しい楽しい動画サイトがあるのに、未来のため、それを閉じて苦行に打ち込むことなどできるだろうか。

一方で、世の中には、「他人にとっての苦行が楽しくて仕方ない人」というのも存在する。筋トレが楽しくて仕方ない人、絵を描くのが楽しくて仕方ない人、泳ぐのが好きで仕方ない人、プログラミングや小説を書くのが楽しくて仕方ない人、などがそうだ。そうした人たちは、他人が嫌々努力していることを、なんらの精神的負担なく、嬉々として行い平然としている。もし自分にとってそういうものが見つかり、かつそこに適性があるのならば、そうした道を極めるというのが、自分の夢につながっていくと思う。

中には、自分が何をしたいかよくわからない、という人もいる。夢などない。何者かになりたいが、何をしていいかわからない。何になら打ち込めるかわからない。そうした人たちは、自己理解を深めるしかない。自分が何を好きか、何を嫌いなのか、知るために意識的にリソースを割く必要がある。

だが、自分のことならよくわかっていると断定する人にも、私は懐疑的である。私は、私のことなど何もわからない。というか、こうだろうという一見合理的な解釈は、よく間違っている。後になって、真の理由が明らかになることもある。

先にも紹介した『僕らはそれに抵抗できない 「依存症ビジネス」のつくられかた』（アダム・オルター著／上原裕美子訳／ダイヤモンド社）では、「尻ぶつかり効果」という面白い現象が紹介されている。同書によれば、パコ・アンダーヒルという心理学者は、ある小売店の売り場のビデオをながめていたとき、狭い通路で尻をぶつけ合った客の多くが、買い物をやめ、店を出てしまうという規則性を発見した。これだけなら、確かにそんなこともあるか、とは思うが驚くにあたらない。狭い通路で不快な思いをして、この店を出よう、もっと広い店に行こうと思うのは、なんら不自然ではない。

だが驚くべきことに、客自身は、尻がぶつかった結果として買い物をやめていることを全く意識していなかったのだ。追いかけてインタビューしたところ、ほぼ例外なく、店を出たことと他の客の存在は関係ないと述べたうえ、待ち合わせに遅れそうだったからとか、子供を迎えに行く時間だったからとか、他の理由を持ち出すこともあったという。

私が調べた限りにおいては、この実験結果がどの程度検証されたものかわからなかったが、示唆していることにはとても納得感がある。自分が何かの決断（もう店を出よう）を下した際、本当の理由（尻をぶつけたこと）があるのに、自分自身は別の明確な理由がある（待ち合わせなど）と無意識に信じていて、それを疑いもしない。これは買い物時の特異な例だと思うかもしれないが、私見では、全くそんなことはない。人は自分が解釈したいように、ものごとを解釈していることの方が大半だ。

他人のそれを外部から観測したエピソードがある。会社を立ち上げたばかりで、社員がまだ数人だったころの話だ。あるチームのリーダーが、「この会社には優秀なメンバーが多いのにビジョンがなく、メンバーがかわいそうだ」と直談判してきた。聞けば、それに賛同するメンバーもいて、チームごと抜けて新しい会社を作ろうかと話し合っているという。

実のところ、会社にもビジョンはあったのだが、うまく伝わっていないのは経営陣の落ち度だ。我々は話し合いを重ね、1カ月ほどでお互いに妥当だと思う合意に達し、結果として、チームは結束し、会社の業績も上がった。

そのとき、最終的な結論としては、その言い出しっぺのリーダーを昇給させることで決着が着いたのである。議論の終盤では、誰もビジョンの話をしていなかったのだ。

一連の話が終わった後、私は混乱した。リーダーの言葉には嘘がないように思えたし、途中まで昇給の話なんて一切出てこなかった。これは昇給のための高度なネゴシエーションかとも思ったのだが、やはりその時々でリーダーは本音で話しているように思えた。

あれから何年もたった今、私が思うのは、彼は結局、本心で話していたのだと思う。だが、不満の本質は給料が少ないということで、彼自身もそれに気づいていなかったのではないだろうか。結果、会社にはビジョンが欠けておりそれを正したい、という形で自分に理由をつけてしまった。彼自身嘘をつこうという意識はなく、本当とは違う理由づけをしてしまっていたのだと思う。

私が思うに、私も普段から、全く同じことをしてしまっているのだろう。様々な快・不快や、好き嫌いを、こういう理由で、と当然のように考えてはいるが、それは実際とは違うこともごまんとあるはずだ。それを改善しようとした際に、正しい理由をとらえていなければ、当然打ち手も誤ってしまう。だからこそ、自分を客観視し、深掘りし続けることが重要である。

やりたいことと得意なこと、どちらを仕事にすべきか

いろいろなところで講演したり、インタビューを受けたり、対談したりしていて、よく聞かれることがある。それは、「やりたいことと得意なこと、どちらを仕事にすべきか」というものである。おそらく、経営者として一定の成果を出した私が、ただやりたいという理由で小説家としても活動しているから、どこに合理性を見出しているのか、理解に苦しんで聞かれるのかもしれない。

その答えは、「人によるし、状況による」という回答で終わってしまうのだが、それではあまりに不親切なので、私なりのアドバイスのようなものを書いておこうと思う。きっと、やりたいことで成果を出している人はこんな悩みを抱えないと思うので、「やりたいことがあるけど成果が不十分」または「そもそもやりたいことがない」のいずれかの悩みを持っ

ているものと仮定する。

まず、「やりたいことがあるけど成果が不十分」な人は、単に意思決定の問題である。主には、自分のポリシーや周囲の環境がそれを許すか、ということを判断すればいい。自分のポリシーというのは、例えば給与が今の半分になることに自分のプライドが耐えられるかとか、年に1回は海外旅行に行きたいがそれに行けなくなるとか、そうしたことを許容してでもやりたいことを優先するかどうかだ。周囲の環境はもっと直接的で、例えば子供が2人いる弁護士の友人が、一時的に月給を5分の1にしてでもWebライターに転職したいと言っていたら、私は配偶者とよく話し合ったのか心配になるだろう（もちろんその場合であっても、周囲に応援されていればなんの問題もないと思う）。

また、始めるにあたってもテクニックのようなものはあって、まずはリーンに始めるというのも手だ。『リーンスタートアップ　ムダのない起業プロセスでイノベーションを生みだす』（エリック・リース著／井口耕二訳／日経BP）で紹介されているこの手法は、ミニマム・バリュー・プロダクト、つまりコンセプトを体現した必要最低限の商品を作り、想定顧客や世に問うことから始める、無駄のない事業の立ち上げ方だ。例で挙げた弁護士の友達も、まずは今の仕事を続けながら副業としてWebライティングの案件を受注し、週末に記事を書いて、その反応を見るところから始めるのも手だろう。それが十分な評判や反響を得てから、本業を変えることについて改めて考えても遅くはない。

一方で、「そもそもやりたいことがない」人の方が、これといった有効なアドバイスをできないのが正直なところだ。個人的な経験としては、やりたいことの源泉は2種類あると思っていて、ポジティブな出発点、すなわち憧れや好奇心に端を発するものと、ネガティブな出発点、すなわち過去の挫折、あるいはトラウマや、コンプレックスを克服したいといった思いから来るやりたいこととがあるように思う。

そうしたとき、内的探索と外的探索の2通りのアプローチがあり、内的探索としては、実は自分はこれに憧れているんじゃないか、あるいは、これがコンプレックスだったんじゃないか、といったことを探すといいかもしれない。繰り返し述べているとおり、人は、自分のことなどほとんど何もわかっていないものである。それに、過去の記憶というものは無意識に封印しているか単に忘れていることが多く、何かをきっかけにぽろっと思い出すこともある。だから、あなたは本当はやりたいことがあるのに、それに気づいていないだけかもしれない。その源泉はすでに自分の中にあるのに、それを見つけられていないだけかもしれない。

一方で外的探索としては、行動パターンを変えて、いろいろな世界に触れるということをおすすめしたい。旅行に行ったり、普段会わない友達と会ったり、やったことのないアクティビティをしたりといったところだ。また、個人的におすすめなのは映画を見ることで、映画は自分から遠い知らない世界を教えてくれるし、自分と全く異なる人生を追体験させてくれ、価値観や主題を凝縮したストーリーを味わわせてくれるものである。名作映画100選のようなリストは調べればすぐ見つけられるから、それを上から見ていって、何か自分の琴線に触れるようなものを探してみるといいかもしれない。何も見つからないかもしれないが、少なくとも楽しい時間は過ごせるだろう。

副業について最後に触れると、私は探索や成長のための副業はとてもいいと思う。半面、本業と似たような仕事を増やして、ただ目の前の年収をちょっと増やそうとする行為は、長期的には損だと思う。それだったら、その分のエネルギーを本業に専念した方が大きな成果が得られると思うからだ。ともあれ、それがリーンな形にしろ、あるいは50%近いエネルギーを注ぐにしろ、目標を持って一生懸命に取り組むことで、思わぬことを自分の天職のように感じる瞬間が来るかもしれない。この本を読んで、今は迷いを持っている人が、そういったものに出会えることを祈っている。

スペシャリストとジェネラリストのどちらを目指すか

人事評価や採用面談だったり、あるいはメンターとしてキャリア相談に乗ったりするときに、特にエンジニアに関して悩みが多いのは、スペシャリストとジェネラリスト、どちらを目指すべきかということである。それは言い換えると、技術を極めて突き抜けるべきか、マネージャー職にキャリアを軌道修正すべきか、という葛藤のことが多い。

あまりエンジニアの生態に詳しくない人も多いだろうから簡単に説明すると、エンジニアの多くは自分の技術に自信を持っており、自分より技術がわからない人に自分の技術力を評価されることをひどく嫌がる。多少誇張した表現だし、例外的な人ももちろんいるのだが、この方針でいくと、人事評価の役割を持てるのは一番優秀なエンジニアだけ、ということになってしまう。

しかし一方で、ずっとエンジニアのキャリアを積み上げてきた人にとって、マネージャーになるというのは転職に近い。例えるなら、突然経理部や法務部に配置転換されるのと同じように感じるのである。また、マネジメントというのもやはり技能が必要で、向き不向きがあり、特にコミュニケーションスタイルの点で、エンジニアとして日々こなしてきた仕事と相性が悪い場合もある。

適性を見るために試しにやってみようという考え方もあるが、マネージャーになるというのは役割上出世のように見えてしまうので、やってみてダメでした、とメンバーに戻すのも収まりが悪かったりする。それに、新しい役割やそれに必要な技能を身に付けるにあたって、その人自身がそのキャリアを能動的に選択したのでなければ、多くの場合失敗につながってしまうだろう。

結果的に、エンジニアの多くは、スペシャリストを目指したい、という人が多いように見受けられる（グーグルの検索窓に「エンジニア　マネージャー」と入れてみたところ、サジェストの一番上は「エンジニア　マネージャー　やりたくない」だった）。ただ、私の個人的意見からすると、スペシャリストを目指すのも、なかなかに茨《いばら》の道である。

理由はいくつかあるが、まず、昨今の技術のライフサイクルの短さが挙げられる。今使われている技術が、5年後10年後も同じ重要さで引き続き使われている可能性はかなり低い。サーバー技術者を見てみても、15年前は自分でラックを組み立てられる人の需要はいくらでもあったが、今はクラウドが一般化していて、仮想サーバー、あるいはコンテナの設定ができる人の方が需要がある。もちろん基盤側には引き続きスペシャリストが必要であるし、培ってきた技術が無駄になるわけではないのだが、その椅子の数が大幅に減っているのは否定しようがない。

こうした変化にもついていけばいい、という考え方もあるが、もう一つの理由として、変化する技術への追従がライフスタイルの変化に伴い難しくなっていくのではないか、ということが挙げられる。これも人によるので、大まかな傾向に過ぎず、あてはまらない人もいるだろうが、例えば結婚したり、子供ができたりすると、休日の勉強時間は減っていく。エンジニアの多くは職場だけではなく、就業後や休日に技術研鑽をしている。確かに積み上げてきた知識はあろうが、自分の数倍の可処分時間を持っている人と、変化の速い業界で戦うのは不利だ。

スペシャリストにこうした事情があるのに対して、ジェネラリストはどうだろうか。正直に言って、マネージャーに移っていくキャリアの方が食いっぱぐれないように私は思う。直感的にはマネージャーが必要なのは数人に1人の割合なので、そちらの方が椅子が少ないように思うのだが、エンジニアが増える速度の方が速いので、どの会社でもいいマネージャーは人手不足である。

それに、マネージャーといっても人を含めたチームをマネジメントするエンジニアリングマネージャーに限らず、プロジェクトマネージャーやプロダクトマネージャーといったキャリアもある。他にも、私のように経営者として、ＣＴＯやＣＥＯを目指すといった道もある。加えて言えば、ＡＩによってエンジニアの生産性が向上する世界において、重要なのは「どうやって作るか」ではなく「何を作るか」である。そして、それを決めるのはまさしくプロダクトマネージャーに他ならない。

さらに、『ＲＡＮＧＥ（レンジ） 知識の「幅」が最強の武器になる』（デイビッド・エプスタイン著／東方雅美訳／日経ＢＰ）では、ある技術に集中することで卓越するのは、チェスやゴルフなどのルールが明らかな狭い環境のみであって、ビジネスや研究などのオープンな環境では、ジェネラリストの方が大きな成果を上げる可能性があると述べられている。技術の研鑽の結果を測るにあたり、競技プログラミングに限定すると、どちらかと言うと前者の領域のように思うが、その技術を使って現実にサービスを提供したり、社会インパクトを与えたりするのは、明らかに後者の領域の問題にあたる。そのため、やりたいことにもよるが、スペシャリストを目指す人であっても、広く能力を伸ばしていく方が、結果的に大きな成果を出せるかもしれない。

こうして長々と書いてきたが、私は全員がジェネラリストを目指すべきだとは思わない。個人的には、覚悟を持ってスペシャリストを目指す人を、かっこいいと思うし尊敬する。ただ、マネージャーにはなりたくない、といった瞬間的な感情だけで大きな選択をするのは短慮に過ぎると思う。いろいろな可能性やなりたい自分を鑑みて、熟考し、決意を持って未来を選択してほしいと思うのである。

今日から使える会社で昇進するための裏技

精神論が続いてしまったので、もっと速攻で効果のある、実践的な昇進のための裏技を教えよう。それは、朝仕事場に入った瞬間から退勤するまで、「徹底的に主語をＷｅにして考え、行動する」ということである（やっぱりこれも精神論だろうか。しかし、効果は確実にある）。

私はよく社内面談の中で、「最近困ったことはありますか？」と質問する。ほとんどの人は、〝自分が〟困ったことを話す。ただ、卓越したマネージャーや、責任感の強いリーダーは、必ずと言っていいほど〝チームが〟困ったことを話す。とはいえ、それはある意味当たり前のことで、立場が人を作るというように、チームの成果の最大化が仕事の人たちなのだから、チームを主語として考えているのは自然なことだ。だが時に、マネージャーではないのに、初めから主語がWeの人がいる。例えば、私たちチームはこういうことをしたくて、そのために制度上こういう無駄な作業が発生してしまうので、そこを効率化できないか考えています、といった次第である。私の経験上、こうした人はすぐにリーダーやマネージャーの候補リストに入る。反対に、なんらかの事情でマネージャーに昇格したところで、一生主語がIのままの人もいる。チームの成果ではなく、自分の給与や立場が上がらなくて困っている、といった具合である。そうした人はマネジメントに問題を抱えていることも多い。

主語がWeの人は、仕事を進めるうえで他責にならないし、自分だけでなくチームのために問題解決に取り組むので、周囲からの信頼も醸成しやすい。要は、個という局所最適に陥るのではなく、チームという全体最適で考えるような振る舞いをするのである。そして、統括するチームが部署になり、事業部になり、会社になっていくことこそが、昇進であり、より大きな仕事を任せられるということである。結果的により大きな成果を出すことができ、翻って給与に反映される。

無論、私が見ている限りでも、人が役割をこなすというより、役割が人を作る部分もある。人事の考えでは、入学制と卒業制といったようなものがあるが（前者はポテンシャルで職位をつけ、後者は十分なスキルが身に付いたことを確認してから職位をつける）、それでも先取りで視野を広げておくことに越したことはない。あなたの上司も、安心してあなたを昇進させられるだろう。

主語をWeで考えることには、少なくとも普段の仕事でマイナスの副作用はないように思う。そして、これを1日2日で終わらせるのではなく、1週間、1カ月、半年、1年と続けていくと、初めは意識的に行っていた思考法でも、繰り返せばなじむもので、自然にものごとをWeで考えられるようになるだろう。そうなればあなたの職位は自然に上がっていく……はずだ。上司に見る目があれば、だが。

あなたはルールの中で生きている

望むと望まざるとにかかわらず、人は規範の中で生きている。そして、規範は通常、1人以上の人、たいていはグループや集団の中で定義される。

例えばあなたが実家住まいの大学生ならば、家族の規範、大学の規範、ゼミの規範、サークルの規範、などがあり、それぞれ身を置くところによって、あなたや周囲の人間の行動を制約する。もっと引いて見れば、国家の文化的規範や、国際的な行動規範というものもある。このように、中には規範同士の包括的な関係もある中で、あなたの行動は基本的に一番小さく、身近で具体的な規範により強く影響される。そして、最も強くあなたに影響するのは個人的規範であり、これは価値観と呼ばれたり、信念と呼ばれたり、美学と呼ばれたりする。

これらは互いに干渉し、時に矛盾することもある。サークルの仲間とはオールでカラオケに行くべきで、自分もそうしたいが、実家住まいだと親が許さない、などといったことは経験があるのではないか。社会人であれば、部署内の飲み会は頻繁にあるが、酒を飲んで遅く帰ると配偶者に小言を言われる、といった形を取るだろう。似通った例になってしまったが、夜の時間というのがどちらのコミュニティにおいても可処分時間なので、複数の行動規範が衝突しやすいのだと思う。

なぜここまで規範の話をしたかというと、現代の日本で生活し、会社で働く、あるいは商取引をする以上、資本主義という規範からは逃れられないからである。

あなたは普段、自分が資本主義のルールに従って生きている、と意識しているだろうか。事業に関わる人であれば、そうであってほしい。もし意識していないとしたら、むしろ問題である（公務員やNPOに従事する方の仕事にはあてはまらない部分もあると思うので、「そういう世界もあるんだなあ」くらいに考えて読んでいただきたい）。

さて、資本主義社会に生きるあなたは、株式会社の目的を説明できるだろうか。

1976年にノーベル経済学賞を受賞したミルトン・フリードマンによれば、株式会社の目的は、利益の追求と株主価値の最大化、すなわち、投下資本あたりの利益を最大化することである。この考え方は長らく主流であったが、昨今の経済格差や環境への影響を受け、企業活動には持続可能性や社会貢献が求められるようになっている。具体的には、企業は自己の利潤のみならず、ブラックロックCEOのラリー・フィンク氏が言うところの「従業員、顧客、取引先、地域社会と相互に利益をもたらす関係」を築く必要があり、この考え方はフリードマンの「株主資本主義」に対して「ステークホルダー資本主義」と呼ばれている。従業員（あるいは役員）たるあなたもまた、ステークホルダーの一員であるから、企業と相互に利益をもたらす関係を築くのは当然だと考えるかもしれない。もちろんそれも欠くべからざることではあるのだが、昨今ではそこが強調されたがゆえに、日常の仕事において、そもそもの目的であった株主の利益の追求を意識することは少ないのではないだろうか。

最近は情報流通も活発化したので、〝会社は社長のもの〟と誤解している人は少ないと思うが、念のため補足すると、会社は株主のものであり、社長は株主に選出された役職者に過ぎない。だから、会社は社長のものではない。オーナー社長は、たまたま株主と社長が一致しているに過ぎない一例で、この場合のみ、会社は社長のものだと言える。上場、すなわち株式公開は、自社株を株式市場に公開し、一般投資家に広く投資の対象としてもらうことを指すから、上場企業においてはオーナー社長ということは基本的にありえないし、そうでなければそもそもなぜ公開したのかわからない、ということになる。

資本主義のルール下では、会社の目的に沿っている人は、より多くの金銭的リターンを得る。あなたがある会社で働いている場合には、会社に利益をもたらせているか、という質問がそれにあたる。逆に言えば、あなたがどれだけ美しい資料を作成しても、それが売上につながらなければ価値はゼロである。というか、あなたのために給料や社会保険料、座席のオフィス家賃を払っている分、会社としてはマイナスである。

とはいえ、直接売上につながる営業に関わる部署以外は、売上貢献への実感を持つのは難しいかもしれない。コストセンターと呼ばれるバックオフィスはなおさらである。エンジニアの場合も、プロダクトを複数人で改善したとして、それがユーザーの増加や解約率の低下にどれだけ寄与したか、測るのは難しいだろう。ただ、あなたがどの立場にあっても、社内外のサプライチェーンを理解し、会社やステークホルダーに利益をもたらす方向に行動することは重要であり、それを提言・行動して成果を出す努力は怠らない方がよい。なぜなら、それが資本主義のルールだからである。

なお、株主利益の追求をはじめとする企業の目的を、あなた自身の目的と一致させる必要はない。ここでは、企業の目的を理解し、それに協力すれば企業からの報酬も大きくなる、と言っているに過ぎない。よく巷で、「経営者目線を持て」という言説に対して「従業員の給料で経営者のように振る舞えなどとはけしからん」と怒っている人を見かけるが、ここに誤解があるように思う。あなたは企業、すなわち経営者の目的や制約条件を理解したうえで、従業員の立場で利益を最大化すればいい。これは経営者と同じ判断軸で行動することとは明らかに異なる。あなたはあなたの判断軸で行動すればよいのだが、経営者の判断基準を知らなければ双方の利益を最大化することはできないし、裏を返せば判断基準を知ることで、従業員たるあなた自身も得する機会を得られるだろう、ということである。

今ある人事制度や組織体制には理由がある

あなたが会社で働いているなら、すでになんらかの人事制度に従っているはずだ。就業規則なんて読んだことがないという人もいるだろうが、それでも評価制度や報酬設計については、漠然と、あるいは明確に知っているだろう。有名な話では、ある企業はボーナス（のような＋αの報酬）をサイコロで決めるそうである。

こうした人事制度はそもそもなんのためにあるかというと、平等な世界を実現するためではなく、企業が利益を最大化するためである。ある事業を運営するにあたり、従業員に対して特定の行動を奨励し、あるいは抑制することで、会社の業績が上がるからこそ、こうした制度が実装されている。例えば、たくさん商品を売った営業の給料は上がるし、部下のマネジメントができない管理職の給料は上がらない、といった事象はこうした制度によって生み出される。先ほどの例で言えば、サイコロで金額を決めることで直接生産性が上がるというよりも、「そういった遊び心がある会社で働きたい！」、という文化的マッチが高い人で会社を構成すること自体に価値があるため、そのような制度があるのだと思われる。

さらに言うと、人事制度以前に、そもそも部署という概念自体、会社が管理や役割をわかりやすくするために勝手に決めたものである。「全ての企業は少なくとも営業部と開発部と経理部を備えなければならない」なんて法律はない。そうしたければ、「スーパー生産セクション」でも、「ネオ検品チーム」でも、好きに名づけてよい。しかし実際は、わかりやすさ優先で、あるいは職場でふざけることがないように、堅い名前がついていることが多いようである。

重要なのは、こうした人事制度や組織設計は、なんらかの目的や意図があって設計されているということである。だから、こうしたものを見たときに、そのルールに単に従うのではなく、背景を推察しておいて損はない。

ベンチャーにおいては、こうした人事制度や組織設計は頻繁に壊され、再構築される。大企業に比べそうするコストが低いし、周辺環境の変化や組織の規模によって、古いルールが機能しなくなるためである。私などはこうした再構築を何度も行ってきたので、300人くらいまでの組織であればうまく作れると自負しているのだが、やはりそこでは、この構成にすることで中の人はどのような行動をするだろうか、望ましい行動を誘発できるだろうか、モラルハザードは発生しないか、といった疑問を常に念頭に置いて判断する必要がある。

私が特に重要だと思う設計方針の一つに、事業部制組織と機能別組織がある。これらには向いているビジネスモデルや文化とそうでないものがあり、この判断を違えると成果に大きく影響する。

これは個人的な見解なのだが、私は機能別組織というものが苦手である。正確に言うと、効率的にワークする機能別組織というものは作るのが本当に難しいと思っている。純粋に、開発部、営業部、〇〇部、××部……と作っていくと、分類は楽なのだが、それらの部署の中での評価制度と、会社全体のアウトプットの方向性を一致させるのが難しくなっていく。

特に困難なのが、部署ごとの利害関係の調整である。機能別組織では、意図的に作らない限り、他の部署の成果に貢献したことを評価される仕組みがない。例えば、営業をする際にお客さんから「開発部の人を連れてきて！」と頼まれることがある。セールスエンジニアという役職があればよいが、企業の規模によっては普段開発を行っているエンジニアがその日だけスーツを着て他社のオフィスを来訪するだろう。当然、その間本来できたはずの開発業務はできなくなり、開発部としての出力は下がる。一方、営業はお客さんに説明ができ、成約率が上がるだろう。そして、結果的に会社全体の売上も上がるはずである。本来望ましい行動なのだが、当のエンジニアの評価にこれは反映されない。どころか、生産量が期待値より下がるため、残業でそれを補わなければならないかもしれない。

こうした例は、評価項目に営業協力といった項目を作ることで対処できるかもしれないが、実際にはもっと細々とした、どの部署が引き受けるべきか微妙な仕事というのは毎日のように発生する。

開発部によって自動化すると会社全体の生産性は上がるようなことがあったとしても、そのせいで期初目標であった新機能の開発が遅れるとしたら、開発部はそれを引き受けないだろう。そのせいで法務部が手作業を強いられ、人手を増員することで間に合わせようとするかもしれない。結果的に、開発部は無事に新機能をリリースでき、法務部もなんとかノルマをこなせるだろうが、人件費の増加ということで会社の損につながっている。機能別組織の長がそれぞれ異なる評価項目に従って、自部署の機能を発揮させることが目的となってしまい、目的と手段の逆転が起こり、全体最適に対して大きな抵抗力が生まれるように、私は感じることが多い。

これに対応するには、部署の成果より全社の成果が優先され、組織の全員が一つの目標に向かって行動することが推奨され、評価されるような新しい仕組みを考えるしかない。

そして、事業部制組織はその一つの答えである。組織のメンバーは皆、事業の成功という一つの目標に向かって行動し、多くの場合、報酬もそれに連動する。事業部という単位が、特定の事業を行うために設計され、そのために必要な部署というものが事業部内に設置される。このとき重要なのは、内部の部署同士に縄張り意識がないことである。部署それぞれの目標も、事業上達成すべきことの逆算によって設定されるため、先ほど挙げたような例においても、事業上のコストがかさむような判断はなされない。

卓越した事業部においては、メンバー一人ひとりが事業の売上、利益を日次で確認しており、自分の活動はそれを向上させるために存在するという意識を持っている。「開発部の仕事が増えると困るので、法務部の仕事を引き受けるのはやめよう」といった意識はなく、「事業にとって最善な活動は何か？」という判断基準で活動しているので、軋轢《あつれき》も生まれない。その代わり、個々人が目の前の仕事をただこなせばいいわけではなく、特に事業責任者にかかるプレッシャーというのも並たいていのものではないので、大変な仕事ではある。その分、やりがいと、尋常でない成長がある。

話を初めに戻すが、人事制度や組織設計というものは、会社をより成長させるため、誰かが必死に考えた成果物である。給料が思い通りに上がらないと感じている人は、目に見える制度そのものだけではなく、その制度によって本来会社が果たしたかったものとは何か、というところに着目すると、道が開けるかもしれない。

会社が果たすべきミッション

株式会社の目的はステークホルダーの利益の追求と書いたが、それはあくまで原則であり、全ての会社が利益のためならなんでもやるのが正しい、というわけではない。例えば、顧客の信用を毀損するようなことを繰り返していれば、短期的に儲かるのは最初だけで、長期的に競争力を失うのは想像に難くない。

しかし、だとすれば、やることとやらないことをどう判断するのか。それが属人的であったり、そのときの気分であったりではなくて、会社としての一貫した物差しを持つことが必要である。その判断のために、多くの会社が持っているのが、ミッション・ビジョン・バリューというものだ。

ミッションとは、その会社が社会において果たすべき使命を指し、企業理念といった別の言葉で表されることもある。例えば、私が取締役を務めるマネックスグループでは、「最先端のIT技術と、グローバルで普遍的な価値観とプロフェッショナリズムを備え、新しい時代におけるお金との付き合い方をデザインすると共に、個人の自己実現を可能にし、その生涯バランスシートを最良化することを目指します」という企業理念を掲げている。こうした理念は合議で決まるというよりも、創業者や経営陣による「我々の会社をこうしたい、あるいは、こうあるべき」という強い思いによって決まるものだ。今回であれば松本大《おおき》マネックスグループ会長や清明祐子社長の思いを強く反映しているように感じる。

別の会社の例を挙げると、暗号資産取引所を運営するコインチェックのミッションは「新しい価値交換を、もっと身近に」。先端技術の社会実装を進めるPKSHA Technologyのミッションは「未来のソフトウエアを形にする」だ。

これらの会社が手掛ける事業を思い浮かべると、確かにミッションに沿っているのがわかるだろう。新規事業の案があったとして、それが儲かるか儲からないかはもちろん大事だが、同時にミッションの実現に寄与するかどうか、というのは判断において重要である。ただしこれは、直接的な関与だけではない。一見無関係なものであっても、会社全体がミッションを実現する未来のため、短期のキャッシュエンジンとして、少し遠い領域の事業を手掛けることもあるだろう。

ところで、ミッションのためであれば、明らかに赤字な事業は許されるのだろうか。ケースバイケースであるが、少なくとも一定の説明は不可欠である。なぜなら、会社のお金というものは株主のものであって、株主は通常株主利益の追求のために投資をしているのだから、それをミッションの達成のためとはいえ意図的に減らす行為は、資本主義においては「ルール違反」である。*5-2

とはいえ、そうしたケースにも例外はあって、そうした行為を通じて会社の社会的信用を増し、結果、全体として利益が向上するのであれば、特定の活動が赤字であることは問題ではなく、むしろ適切な投資である。ステークホルダー資本主義において、会社が公器として果たすべき責任、いわゆるCSR（企業の社会的責任）やESG（環境・社会・企業統治）への対応というものは、金銭的な利益と同時に追求されなければならないものとなっている。

具体的には、会社によっては、消費電力を再生可能エネルギーで100%まかなうというRE100というイニシアティブに参加を表明している。世界ではアップルやグーグル、日本ではリコーや積水ハウスがこれにあたり、より安価な電力を使えば差額分の利益は出るだろうが、短期的な利益よりも長期で環境に与える影響を重視するという判断であると思われる。

会社のビジョン・バリューに沿って仕事をする

ミッションについてこれまで書いたが、そのための行動規範として、ビジョンやバリューというものを定義している会社も多い。用語は統一的に決まっているものではないので、行動指針や行動規範、と呼ぶ会社もある。

例えばコインチェックでは、バリューをＭＯＳＴと呼び、重要な行動規範として定めていた（Maximize team results, Own your work, Surpass expectations, Think integrity の頭文字を取ったもの）。これらを備えた行動が、会社を成長させ、ミッションを達成に近づけるということで、なるほどとうなずける。さらに、２０２４年９月には事業と組織の成長に合わせてバリューを磨き込み、ＡＴＨ（Adopt Fast, Think with Integrity, Harness Risk, Act Now の略）に進化させ

＊５－２　Ｊカーブと呼ばれるような、大きな黒字達成に向けて一時的に赤字を掘る事業はいくらでもある。ここでは意図的に赤字を出し続けることが明らかな事業について論じている。

た。変化への適応、誠実さ、リスク管理はいずれもクリプトビジネスにおいて重要な要素であり、それを社内で保ち続けることを重視するというメッセージに他ならない。

そして、こうしたバリューを積極的に公開する企業も増えており、スタートアップでは採用資料をデックと呼んで、採用候補者向けにパンフレットのような形でまとめていることも多い。それは入社してくる候補者とのミスマッチを防ぐと同時に、求職者への訴求につながるからである。

なお、バリューを人事評価に組み込んでいる会社も少なくないので、ここにフィットしていない人が入社すると、入社後お互いに不幸なことになると思う。例えばThink with integrity、すなわち誠実さや高い倫理観を持ち続けることがバリューなのであれば、普段からそのように行動し、周囲からもそう評価されている従業員はマネージャーに昇進しやすいだろうし、一方でどれだけ成績が良くても嘘をついたりごまかしをしたりする人の評価は当然下がっていくだろう。

そのようにして、バリューで定義した行動を促進し、会社が一丸となってミッションを達成すると同時に、会社が持続・成長できるよう、資本主義の原則を追求する、というのが株式会社の基本的な行動原理である。

ただ、最も身近な足下の行動規範となるバリューと、究極の行動目標であるミッションの二つでは、その間の目標を持ちづらいという場合もある。そこで、ビジョンという形で、ミッションを達成するうえでの中間目標を掲げている会社も多い。例えばPKSHA Technologyでは、ビジョンを「人とソフトウエアの共進化」として掲げ、「未来のソフトウエアを形にする」過程においては、人とソフトウエアの共進化を今は目指すべきだと位置づけている。これは抽象的な書き方に寄っている例だが、中には5年後くらいの具体目標を掲げる会社もある。

その他にも、ミッションとビジョンが一体化しているようなケースもあるので、言葉の定義があるわけではないが、いずれにせよこれらは会社の目指すべきものを言語化し、明確化するものだ。会社がどうあるかを決める重要なステートメントであり、株主や取引先のみならず、未来の従業員も含めた全てのステークホルダーに対する大事なメッセージである。

もしあなたが起業をするなら、どんな事業をするかだけでなく、ミッション・ビジョン・バリューも練り込んで、採用もそれに沿ってやることをおすすめする。というか、本来であれば、あなたが全力を傾けられるようなミッションが最初にあって、それの達成に近づき、かつ資本主義のルールに則って成果を出せる事業を考える方が適切だと思う。営利を目的とせず、社会貢献活動を行う場合は、NPOなどを検討してみるべきだろう。しかし、ただでさえ儲かる事業を探すのは難しいので、事業ドリブンでミッションが決まってしまっている企業があるというのも現実には仕方ないことであろうと思う。

起業家はどのようにリターンを得るのか

起業のことを書いたので、その金銭的リターンについても書いておこう。なお、ここで言う起業とは何かというと、株式会社を興し、その株を手にすることを指している（個人事業を興すことも起業と言うかもしれないが、ここでは扱わない）。

このとき、共同創業なら、手にする株は100％ではなく、その一部になる。その後出資を受けると、誰かに株を渡すことになるので、さらに割合は低くなる。このことを、希薄化、あるいはダイリューションと言う。そうしてあなたが手にした株は、いわば会社の所有権の1／Nであるので、会社の価値が上がれば、直接的にあなたの財産の価値がどんどん上がっていくということになる。

会社の価値というのは、様々な考え方があるが、その会社がその後生み出す金銭的利益の期待値に時間割引率を掛けたものの総額、というのが一つの考え方である（これをディスカウントキャッシュフロー方式と呼ぶ）。

では、会社の株式という素晴らしい財産を持つ起業家のあなたは、実際どのように利益を得るのだろう？

それにはいくつかの方法がある。一つ目は、自身への役員報酬。二つ目は、配当として会社から配当金を払う方法（いわゆるインカムゲイン）。三つ目は、株式の売却益（いわゆるキャピタルゲイン）である。これはそれぞれ、上場会社と非上場会社で異なる。以下に、その内容を簡単に述べる。

※Disclaimer：下記は個人的経験に基づく情報提供であり、私は会計士でも税理士でもなく、見聞きしたことをまとめているだけです。加えて、（特にスタートアップ関連の）税制というものは頻繁に変わるため、詳細は必ず専門家に確認してください。

さて、まず、役員報酬については、自分で自分の給料を決め、それを払うということである。原則として、報酬というものは、働きに見合った額ではあるので、株主が誰であろうと〝あるべき額〟というものは存在するのだが、実際会社が儲かっていて、株主が自分しかいないのなら、その利益の中からいくら自分に払うか、自分で決めることができる（ただし、無論のこと、不当に高すぎる報酬は損金算入されない）。

二つ目は配当金で、これは会社の利益を株主に還元することである。上場企業で特に広く行われており、調べればすぐに、配当の確定日と1株あたりの金額がわかる。実際、株式会社のオーナーは、売り出したとはいえ公開後も一定の株を持つことが多く、配当は分離課税で、税率が約2割のため、会社から同じ額を受け取るなら給料よりも配当の方が税率上優れている（その場合、株主全員に1株あたり同じ配当を出す必要がある）。

ただ、非上場の場合にこのケースを使うのは稀であろう。なぜなら、非上場会社からの配当金は上場会社と異なり分離課税にならないので、役員報酬と税率が変わらないうえ、配当金は損金算入されないので、会社としては単純に損になる場合が多いと考えられるためである。

三つ目はキャピタルゲインで、これが起業家のリターンの大部分を占めると思われる。起業家はゼロから会社を興すので、始める直前の時価総額は当然ゼロである。一方で、上場が認められるとなると、肌感でだいたい数十億円とか、高いと１０００億円以上に至る場合もあり、代表がその20％とか30％の持ち分を持っていると、数億、数十億、数百億円の資産が手に入ることになる。

ここ数年でも、上場したベンチャー企業の社長が３００億円、４００億円といった莫大な資産を手にしている実例がある。そして彼らは20代半ばから30代ということも決して珍しくない。インターネットや情報技術の発展により、初期投資が激減し起業の敷居が下がる一方で、先端技術を活用した事業は短期間での爆発的な成長の可能性を秘めており、いわゆるデジタルネイティブと呼ばれる若い人ほどそれらに親和性が高いからだろう。事実、私が過去に立ち上げた会社も、創業から上場までは約5年であった。もちろん、資産の額は株式の持分比率と会社の評価額で決まるので、全員が全員このような結果が得られるわけではないが、サラリーマンの生涯賃金が2億から3億円と言われるこの時代、会社に勤めて5年後にどれくらい昇給しているだろうか……と考えると、起業というのは十分に挑戦する価値があると言えるのではないか。

とはいえ、資産が全て現金に換えられるわけではない。特に日本では、役員が大手を振って株式を売れるのは、上場時と、市場区分を変更したときくらいと言われていたように思う。なぜなら、役員が株式を売るということは、会社の成長性に疑念があるのではないか、そうでないならもっと持ち続けるはずだ……などという言説があるためである。加えて、上場時などにも、売れる金額はそう多くはない。

となると、100億円規模の上場では、7000万~8000万円しか手元に残らない場合も多い。十分多いじゃん、と思うかもしれないが、数年かけて、うまくいくかもわからない事業を全て自分の責任で成し遂げて、それで年収の数倍、ということなので、いろいろな意見があると思う。無論、どんな結果でも、私は全ての誠実な挑戦者を応援する立場にある。

ちなみに、現金化できなくても、別の運用方法はある。例えば、株式担保ローンというものがあり、株式を担保にお金を借りることができる。住宅ローンというものは、購入物件自体を担保にお金を借りる仕組みだが、その担保を家ではなく株にしたものである。

公開情報では、証券担保ローンの金利はおおむね1~4%程度と言われていて、1・5%と書かれているブログも散見される。とにかくこれで保有資産を担保に入れて、それを期待値1・5%を上回る投資に回せば、理論上その差額分のお金が増えていくことになる。現状、米ドルの外貨預金金利は4%以上のものもあるし、証券担保ローンで不動産を購入し家賃収入を得る、といったこともできる。

さらに、最近ではアメリカの富裕層でこのローンを利用した節税が流行しているようで、金銭収入ではなく、ローンで現金を手に入れ、ローンを抱えたまま死んで相続する「Buy,Borrow,Die」戦略が流行っているという。日本とは相続税などの税制が異なるので、他国の話をそのまま参照することはできないが、とはいえ、一定以上の資産を築き上げた人がさらに有利な条件で資産を増やしていくという話は、この資本主義社会では珍しくない。

資本主義的成功は、人生の最終目標ではない

いろいろと華々しい話を書いてきた。富裕層の話というのは、知らない世界として聞い

て面白い側面もあるが、鼻持ちならず、ムカつく部分もあるかもしれない。お金で解決できることには何も悩まず、欲しいものは売っていればなんでも手に入る、そんな生活に憧れるかもしれない。

だが、資本主義というのは、あくまで労働とお金にまつわる部分に関する規範である。先ほども述べたとおり、規範というものは集団や個人によって異なるものであり、例えば大学は（一般に）資本主義で運営されてはいない。同様に、友達と遊ぶとき、誰誰が金持ちだから偉い、なんてことは考えないだろう。お金は便利だが、人生の豊かさや幸福を決める一要素に過ぎない。人生を決めるのは、自分の価値基準であり、美学である。それが資本主義と一致する人もいるだろうが、たいていの人はそうではないだろう。私にとっては、どんなにお金が稼げようと家族や自分の健康が第一である。体を壊しても働く方が大事、などとは思わない。重要なのは、幸せに生きることである。

最後に自分語りをしておくと、私も20代で会社を上場させ、資産は100億円近く持っている。正直、もう一生働く必要なんてない。が、この立場になって思うことは、幸福は個人で完結するものでなく、コミュニティへの貢献を通じて得られるものだということだ。それは家族であったり、会社であったり、国であったりする。お金があれば選択肢は増えるが、お金で何もかもができるわけではない。だからこそ、自ら知恵を絞り、体を動かしてコミュニティに貢献することが、自身を幸せにするうえで何よりも大切だと思う。

一方で、私の夢は「死ぬまでに少しでもいい小説を書きたい」なので、毎日仕事が終わったあと小説を書いている。それも苦しんで苦しんで1行も進まず、かといって気晴らしにSNSを開けば期待の新人が毎週話題になり、華々しい賞を取ってデビューしている。一読者として憧れていた先輩作家の背には追いつける気がしない。欲しい参考資料はいくらでも買えるし、いい机もいい椅子も手に入るのだから、だいたいの不便を回避できる自分は恵まれているはずなのだが、こと文学というものは、お金で買えるものではない。

だが、本来、自分にも家族にも目立った大病がなく、飢えてもいないだけ幸せである。無論、作家としての成功を希求する気持ちも忘れてはならないが、そうした身の回りの幸福を忘れずにいなければと思う。

要するに、資本主義での成功だけが人生ではない、ということである。

コラム――資本主義を家庭に持ち込んではならない

家庭内にもめ事は尽きない。特に、家事・育児分担は議論になりやすいところだ。

以下は既婚者や同棲している人向けの内容になってしまうが、共働きの場合、仕事が大変な方（だいたい、こちらの方が年収が高い）をサポートするために、もう一方が多めに家事を分担するなどをしている家庭が多いようだ。一方で、専業主婦・専業主夫の方から、配偶者が仕事ばかりで家事をしない、という不満も散見される。具体的には、仕事から帰ってきた夫が育児をしない、自分は家に縛り付けられているのに自由に飲んで帰ってくる、たいした稼ぎもないくせに偉そう、なんて愚痴はよく目にするところである。時には、専業主婦（主夫）を年収換算すると〇千万円、なんて言説が飛び出してくることもある。

私見では、こうした議論は、そもそも資本主義、あるいは商業主義の規範で解決しようとしてはならないものだ。どっちがどれだけ稼いでるとか、一切関係ない。なぜなら家族の目標において、構成員の資産を最大化することは従属的な目的であり、主目的は幸福を最大化することだからである。

もしあなたが、「いや、稼いでる方がそのうえ家事まで背負い込むとかおかしいだろ」と思うのであれば、それは資本主義の規範で過ごすことが長すぎて、それが自分や家庭の規範に染み出してしまっているためである。それだけならまだいいが、自分の「家事をしたくない」という不満を正当化するのに、ちょうどいい棍棒として資本主義を流用してしまっているというケースも多い。

もしあなたが資本主義のルール下で過ごすなら、あなたは家事をしない代わりに、年収を最大化する義務も負っている。空いた時間を余暇にあてるなどもってのほかで（必要量の休息は重要だが）、資格を取る、転職を検討する、投資を行う、などの活動にあて続けなければならない。いやそもそも、学生時代、年収を最大化するために勉強を続け、年収の期待値が最も高い最難関校に挑戦していたのでなければ辻褄が合わない。相手に資本主義の規範を押しつける以上、相手からそうした非難を受けることを覚悟するべきだ。両者の調停にだけそのルールを持ち出し、自分の可処分時間に適用しないというのは、ダブルスタンダードもいいところである。

そうではなくて、あなたはたぶん、単に家事や育児をしたくないのである。それをしなくていい理由として、世の中で一般に通用するルールを初めは持ち出し、そのうち自分でもそれを信じ込んでしまっているだけである。自分の気持ちに、誤った理由づけをするケースは全く珍しくない。私にもよくあることだ。

一度そのルールは置いておいて、なぜ自分が同棲や結婚をしたのか、パートナーのことをどれだけ愛しているかを思い出すべきだ。自分が家事をしなくていい理由を考える前に、家族皆が、もちろん自分も含め、幸せに過ごすにはどうすればいいだろう？　と自問する方がよっぽど有益である。

当然あなたが労働をしていれば、その分の疲労もたまっているはずである。だから、「申し訳ないが、疲れていて、〇分間の休養を取りたい」ということもあるだろう。それは、「自分は外で働いてきたんだ、家事まで背負ったら不公平だ」という意見とは似たようで全く別である。仮に資本主義のルールの下では不合理に見える状況でも、あなたにそれができて、皆が幸せなら全く問題ない。家庭は会社ではないのだから。

第6章

自己責任主義の功罪

私は自由を愛している。実は起業を志したのも、「決まった時間に決まった場所に行かなければいけないこと」が大嫌いだったからだ（ただ、会社が大きくなればなるほど、役員にはそれが要求されることにあとになって気づいたのだが……）。とにかく、自由がない生き方にはうんざりしてしまう。

一方で、自由には、結果を引き受ける責任が伴う。それがなければ、自由は「自分勝手」「堕落」ないし「わがまま」と同じ意味の言葉になってしまうだろう。

そういう考え方で生きている私は、「自己責任主義の考え方をしていると得をする」という主張を信じつつ、「自己責任主義は間違っている」とも自覚している。最後の1章を割いて、このことについて触れたい。

「自己責任思考であるべき」ではない

「自己責任主義でいると得をする」ということと、「自己責任主義でいるべきである」という主張には大きな違いがある。前者は資本主義社会を生きるうえでのTipsであり、後者は道徳に対する態度である。

そもそも、自己責任主義であるとはどういうことか。例えば、最も先鋭的な言い方をすると、大人気漫画『東京喰種　トーキョーグール』（石田スイ作／集英社）の一節では「この世のすべての不利益は『当人の能力不足』で説明がつく」と述べられている。これは自分を律する言葉としては悪くないが、さすがにこの世全ての事象にこれをあてはめるのは極端すぎるだろうか。

資本主義の考えを基礎とする今の日本社会において、採用をはじめとする企業活動は能力主義《メリトクラシー》に沿って行われ、構成員はその成果に見合う報酬を享受しているものと考えられている。加えてそこで評価される能力は、生まれながらの先天的才能の存在は認めつつも、後天的に伸ばすこともできるものとみなされている。具体的には、一生懸命勉強し、努力していい仕事に就き、自己研鑽を行い昇進や昇給を目指す、というのは日本人のメンタルモデルとして一般的な考え方として受け入れられている。

しかしながら、こうした一見平等な能力主義は必ずしも正義だと言い切れない。ハーバード大学教授のマイケル・サンデルが著した『実力も運のうち　能力主義は正義か？』（鬼澤忍訳／早川書房）は、その観点を歴史や政治、市場から論じた本である。この本では、似通った主義主張が複数解説されており、サンデル教授をして（日本語訳で）400ページを要する書籍であるので、私が一言でエッセンスを抽出することは難しい。ただ、目についたものを抜き出すと、論点はこういうことだと思う。

能力主義が正しいとすれば、巨万の富を得ている人たちは、それに見合う人たちだということだろうか。そしてそれは運ではなく、努力や平等な競争によって勝ち取られたものなのか。その一方で、貧困にあえいでいる人たちは、お金を受け取る価値がない人々だということか。エリートがそうでない人々を見下すのは、当然のことなのか。

それに対して私は、能力主義ないし自由市場的リベラリズムによって社会生活を営むと得することが多いことを認めつつ、一個人としてはそれに批判の目を向け、ロナルド・ドウォーキンが言うところの運の平等主義に近しい考え方をしている。そして、成功に向けた活動として能力主義の一部を利用することもあり、その方法はここに書き記そうと思う。ただしそうした主義主張は、客観的なものではなく、主観的なものである。つまり、自分自身にのみ適用可能で、他者の評価には定義上使えず、相手に押しつけるべきでもないものだから、能力主義に従って他人を見下すなどもってのほかだ、という私の姿勢は明らかにしておく。

私はこの世のものを「自分がコントロール可能（に見えている）」なものと「自分がコントロール不可能」なものに分けて考えている。そのうえで、前者の範囲で全力を尽くすべきだし、もしそこで手を抜くのなら、そこから不利益を受けるのは当然だ、という考え方をしている。こうしたコントローラブルなものに関するアクションを、経営においては「打ち手」や「レバーを引く」ということもある。言い換えれば、能力不足でいい打ち手を思いつけなかったり、レバーが引けるのになまけたりしたのであれば、その後悪い結果が出ても、運の悪さを嘆いたり誰かを呪ったりするのはお門違いだ、ということである。

ここで重要なのは、普通、レバーというものは全てが可視化・あるいは提示されているものとは限らず、そこにレバーがあるということに気づかない場合がほとんどである。これは経営でも同じで、だからこそレバーを見つける訓練、引く訓練というものはとても大事である。一方で、上司・部下の関係がある場合には、上司は部下の引けるレバーや、少なくともレバーの探索範囲、裏を返せば動かせない変数＝定数というものを明示しなければならない。これこそがロール＆レスポンシビリティにおける、ロールの基本的な考え方だと私は解釈している。

『実力も運のうち』では、先述の運の平等主義について、「自然的運」（隕石の被害者）と「選択的運」（賭けに負けるギャンブラー）を区別するものと解説されている。これに則ると、私は選択的運が介在するような場面においてはベストを尽くす責任が個々にあり、その結果としての不利益は当人が責任を負うべきであろう、と考えている。また、自然的運の多くは、保険商品のような形で未然にそれを防ぐレバーが存在する場合もあるということが同書でも紹介されており、ある程度コントロール可能であるという考えに同意する。一方で、生まれつきのハンディキャップなど、本人の責任に帰すべきではないものもあり、それは可能な限り別の形で補償されるべきであると考えている。

そして、ベストを尽くしうる場面において、自分の人生においては自分が経営者であり執行者であり最終責任者であるので、結果を引き受けるのは自分である。無論誰かに第三者的なアドバイスを受けることもあろうが（というか、受けた方がいい）、その場合でもそのアドバイスを受け入れるかどうかを最終的に判断するのは、他ならぬ自分だ。

というのをひっくるめて、私は自己責任主義と呼んでいるが、これはある意味ぜいたくな考え方であって、全ての人がこう考えるべき、とは全く思わない。以降は、その理由についても触れる。

成功の要因を努力に求める人々と能力主義の罠

『実力も運のうち』によれば、成功した者ほど、その要因を自分の努力に見出したがる傾向があるという。また、行き過ぎた能力主義を貴族社会と比較し、どちらも不平等な社会でありつつも、能力主義は成功できない人たちに、生まれではなく自分の努力が足りないという事実を突きつけることで、自尊心を弱らせてしまうと論じている。

2017年に新書大賞を受賞した橘玲著『言ってはいけない　残酷すぎる真実』（新潮新書）でも、知能や学歴は遺伝の要因が強く、努力ではそれに抗えないという説が展開されている。その真偽はさておくとしても、後天的な知的階級の再生産については、直感的にわかりやすい。教育費を多く投じる家庭の子供ほどいい学校に受かりやすいというのは想像に難くないし、最近ではこうした生まれつきの不平等を「親ガチャ」と揶揄することもある。誰かの成功は裕福な親に生まれたからであり、自分が成功できないのはダメな親に生まれたから、というわけだ。『実力も運のうち』でも、富裕層に生まれた子女がいい大学に入りやすいという傾向について、具体的な数字とともにこれでもかと例が挙げられている。

無論、人は一人ひとり違うから、生まれつきできないことがある人もいる。染色体異常で長く生きられない赤子の話など聞くと、1人の親として他人事ではなく、あまりに不憫《ふびん》で涙を禁じえない。その子がそんな体で生まれてきたことが、自己責任だなんて考え方は絶対にしたくない。あるいは、生まれつき手が悪かったり、足が悪かったり、うまく運動できない人もいる。私自身も片目が生まれつき不正乱視で、どんな眼鏡をかけても視力は0・1以上にならない。正直、とても不便である。だが、そうしたことについて、それは自己責任だから不便でも受け入れろ、なんて言っても仕方ない。

生まれそのものの運の悪さを嘆くことはあろうが、それはそれとして、明日のために今日何をするか、各人の自由意志に委ねられている部分はあると、私は信じている。少しでもより良い明日を迎えるため、たゆまぬ努力を続ける余地があると信じて、自分のためにできることをしよう、というのが私の主張の根幹である。

それにおいて、自己責任主義やそれに近しい能力主義を一部援用することもある。ただ、同じことの繰り返しになるが、「君は自己責任主義でいるべきだ」なんてことは、他人に言うべきことではないだろう。あなたがどのような思想信条を持つのも自由であるが、それを他人に押しつけるべきではない。私の言う自己責任は自分自身だけに定義すべきものであって、他の人が頑張っているかどうかなんて知らないし、不幸かどうかなんて知らないし、それを嘆いているのかも知らない。そこに、「君も自己責任主義で頑張ろう」なんて横から声をかけるのは、本当に大きなお世話である。

それではなぜこんなことをわざわざ書いているかというと、こういう考え方で生きると得をする場合が多く、結果それをもって視界や活動の幅が広がるだろうから、支持しなくてもいいので考え方の選択肢の一つとして知っておいてほしい、ということである。

最後に、私の周囲、特に経営者には、程度の差はあれ、自己責任主義で生きている人が何人かいる。そして、それらの人の多くが、客観的に見て社会的成功を収めているように見える（もちろん、そこに因果関係があると言いたいわけではない。成功者がそういう思想を持ちやすいというのも、先ほど述べたとおりである）。

だからこそ、そのような思想があることを知り、試してみてもいいのではないかと思う。そこで、以降は自分の日々の行動を改善する思考やテクニックについて書いていこうと思う。

世の中を確率モデルでとらえる

私は、世の中を確率モデルでとらえている。明日、明後日、1週間後、あることがどうなっているかは、そのときまでに振られたサイコロの目で決まる、というような考えである。さらに言えば、自分の意思決定すら、その時々の乱数で決まると考えている。

無論、これが正しい世の中のとらえ方だと言いたいわけではない。こうしてモデル化しておくと、扱いが楽になる、だから得をする、というだけの話である。決定論やカオス理論を否定しているわけでもない。いわゆるバタフライエフェクトを標榜するカオス理論においては、未来はランダムではなく決定論的に決まるけれども、複雑すぎて解析不能である、という解釈だと思う。ならばそれを、近似的なそれぞれの事象の確率分布としてとらえておけば、原理は正しくないのだけど、結果としてうまくいくんじゃない？　という思想である。

自分の行動すらも乱数で決まるということに関連して、行動と意識では、行動が先であるという研究結果がある。直感的には順序があべこべである。普通、何かをしようと思ってから、その行動をする、という順序で事が進むように感じるだろう。だが実際には、あなたが何かをしようと思ったとき、体はすでに行動を始めているということだ。ならばこそ、何かをしようという自分の意思を、どうして信じられるというのか。

なお、全てが無意識に行われているというわけでもないようだ。これらの研究を行ったアメリカの生理学者ベンジャミン・リベットによれば、行動を開始してからの0・2秒間は、意識によって介入し、その行動をやめさせることもできるらしい。となれば、本当に意思が強ければ、無意識の行動をもコントロールできる余地がある、ということである。

しかし、実のところ、自分の意思を信じられないと思うことも多いのではないだろうか。例えば体重を減らしたいとして、仕事から帰ったらランニングに行こう、と思い立ったとする。実際に疲れ果てて帰ってきて、面倒だし明日でいいや、と思ったことはないだろうか。いや、疲れてさえいなくても、やらなければならないとわかっていることを億劫に感じた経験は誰にでもあるはずだ。こうしたケースは、できれば減らしていきたいのではないだろうか。

このような場合、何よりも重要なのは習慣化だ。どんなに素晴らしい行動も、一度や二度実行しただけでやめてしまっては意味がない。勉強にしろ、運動にしろ、多くのものごとは1日で劇的な変化をもたらしたりはしない。毎日のように繰り返して初めて、大きな成果につながる。

だが、習慣を身に付けるにはどうしたらよいのだろうか。私はこれに対して、二つのアプローチで状況の改善に取り組んでいる。それは環境に働きかける手法と、自分に働きかける手法だ。

環境に働きかける手法は、障害を取り除いたり、ある要素をフックにしたりすることで、特定の行動を誘発する可能性を上げるアプローチだ。この領域では2冊おすすめの本があり、一つは『Atomic Habits』（邦題は『ジェームズ・クリアー式　複利で伸びる1つの習慣』ジェームズ・クリアー著／牛原眞弓訳／パンローリング）、もう一つは『FULL POWER』（邦題は『FULL POWER　科学が証明した自分を変える最強戦略』ベンジャミン・ハーディ著／松丸さとみ訳／サンマーク出版）だ。前者はある望ましい行動を引き出すために習慣を身に付ける手法について書かれており、後者は自分の潜在能力を引き出すうえで環境が果たす役割の大きさについて説いている。さらに、『Atomic Habits』には、私の人生観を変えた一つの大きな示唆があるのだが、それは後ほど述べる。

具体的な内容に入ると、障害を取り除く方法としては、ランニングに行くまでに面倒だと思うことをなるべく減らす方法だ。例えば、いざ帰ってきてランニングシューズやスポーツウェアをいくら探しても見つからないと、もう探すこと自体億劫になってはしまわないだろうか。そういう面倒なことは、元気なうちにやっておく。シューズは朝、家を出る前に玄関に置いておくとか、ウェアは新品を5組ずつ買ってしまって、週末のうちに玄関に5着ハンガーでかけてしまうとかだ。そうすれば、帰ってきたとき玄関にはスポーツ用品一式が置かれている状態になる。手を洗ってうがいして、途中で通りかかった台所の冷蔵庫を開けてビールを飲んで……といったこともなくなるだろう。もちろん、これで確実に走りに行けるとは限らないが、外に足を向ける確率は上がるはずだ。

ある要素をフックにするアプローチは、自分の中でのルールづけであったり、社会規範を利用したりといったものがある。有名なものとして、実行意図や、小さな報酬の利用がある。実行意図は、「会社から帰宅してランニングシューズを見たら、家には上がらず履き替えて20分外を走る」のように、Aであったら B をするといった形で、望ましい行動のルールを事前に決めてしまうことである。例えばこれは、「ビールを飲みたくなったらコップ1杯の水を飲む」のように、悪い習慣を打ち消していくときにも使える。

特に夜であれば決定疲れをして、自分にとって重要なことよりも心理的負荷が少ない楽な方を選んでしまうケースもある。事前にルールを決め、そこに思考の余地を挟まず、また、ルールを破るということへの忌避感も利用して、自分にとって望ましい行動を引き出すのである。さらに、実行意図は、時間や場所など、より具体的な条件を設定すればするほど、実行の確率が高まると言われている。

小さな報酬は読んで字のごとく、何か行動をしたとき、小さな報酬を自分に与える方法だ。例えば、走った日は30分寝る前にゲームをしていい、など。しかし実際、報酬はもっと小さくて意味がなさそうなものでもよく、例えば面倒なタスクをやるたびに、瓶に小さなクリップを入れるだけでもいいという。ランニングにしても、大きなカレンダーを玄関に張り出し、ランニングに行った日のマスにだけ赤ペンで丸をつける、といった手法も考えられる。初めのうちはなんとも思わないだろうが、3日、4日と丸がついていくに従って、空白のマスを作りたくない、という心理的負荷が目的の達成を助けてくれるだろう。

最後に、社会規範を利用するやり方として、同僚に毎日ランニングをすると宣言をするとか、もっと直接的に同僚をランニングに誘うなどがある。人は他人との約束を破るのに大きな心理的抵抗を伴うものだし、誰かを自分から誘ったのなら、気分でそこに行かないわけにもいかないだろう。そうした外部要因を積極的に利用することもまた、好ましい結果を引き出すためのテクニックの一つと言えよう。

ちなみにこうした手法はマーケティングにも多分に応用されており、知らず知らずのうちに我々に日々働きかけている。スーパーの中のものの配置だったり、よく見るスマートフォンの画面の広告だったり、といったものが、我々の無意識に働きかけ、特定の企業を利する行動を誘発するフックとして機能しているのだ。だとすれば、こうしたテクニックを我々の消費や浪費を促すだけでなく、我々自身の人生を良くするためにも積極的に利用していきたいものである。

自分に働きかける方法としては、あることを繰り返し自分で強く思う、言い換えれば、決意する、ということがある。『FULL POWER』は意思の力に対して否定的であるが、私はそれを物理的な現象として信じている部分もある。根性論か、と思うかもしれないが、私は脳科学に基づいた立派なアプローチだと思う。

脳は約1000億個もの神経細胞によって構成される巨大なネットワークであり、その働きはネットワーク上でどのように電気信号が走るかによって決まる。神経細胞には、信号を受け取る樹状突起と、信号を出力する軸索という2種類の突起があり、神経細胞同士のつなぎ目のことをシナプスと呼ぶ。シナプスにおいては、信号の出力側である軸索からグルタミン酸などの神経伝達物質が放出され、それを次の細胞が樹状突起で受け取ることで電気信号が伝達される。

『「心の病」の脳科学　なぜ生じるのか、どうすれば治るのか』（林［高木］朗子、加藤忠史編／ブルーバックス）には、このメカニズムがさらに詳しく説明されている。すなわち、シナプス間で神経伝達物質がやり取りされたとき、その物質の種類によって細胞内に流れ込むイオンのプラスマイナスが異なり、これが神経細胞を発火させるかさせないかという投票のように働くという。

具体的には、グルタミン酸を受け取るとプラスイオンが、ＧＡＢＡのような抑制性の物質を受け取るとマイナスイオンが細胞内に流れ込み電荷を変化させ、０・１秒程度の短い時間に電荷が一定の閾値《いきち》を超えることで神経細胞は発火する。同書はこれを多数決のように例えていて、重要なのは、神経細胞同士の結びつきの強さによって１票の重さが異なるということである。神経細胞同士が強く結びつき、大きなシナプスを介して投じられた神経物質は、より強い１票を投じることになり、逆もまた然りだ。

今本を読んでいるあなたも含めて、ヒトの脳の中ではこれが無数に、想像を絶する回数行われているわけである。ほとんどの人は、ここまで読んだ以上この本をもうしばらく読み進めてくれると思うが、理屈のうえではここで本を閉じたり、突然本を投げたりする人だっていてもおかしくない（著者としては、できれば読み進めてくれるとうれしい）。そうした行動は、視神経から入った情報が視覚野を通じて脳に伝わり、電気信号が走り、それに応じた思考や行動が発生することで発現する。そして、シナプスの結びつきの強さは固定ではなく変化するもので（これを可塑性《かそ》と言う）、マウスの実験では1カ月間で数％に変化が見られたという。ここまでが科学的に検証されている事実だ。

では、決意とはなんぞやというと、これは私の実体験からくる想像に過ぎないのだが、同じ入力を何度も繰り返すことに相当し、脳細胞と脳細胞の結びつきを強めるという行為にあたるのではないだろうか。少なくとも経験上、固い決意をしたことは、そのときそのとき判断することよりも高い確率で実行できるように思う。決意が十分に強ければ、その行動に重い1票を投じ、しっかりとその行動が行える確率が高くなるとすれば、決意をするというのは単なる根性論ではなく、れっきとした科学的アプローチと言えるだろう。

習慣を変えたければ、まずアイデンティティを変える

先述した、『Atomic Habits』内で得られた大きな示唆について話そう。それは、〝習慣はアイデンティティから生じ、アイデンティティは習慣が形作る〟ということだ。同様のことは、『FULL POWER』にも書かれている。

一般に、人は、自分という心があって体はそれに従うもの、と考えがちだ。しかし最近の研究では、それは一方的な関係ではなく、双方向に影響を与えることがわかっている。心理学者であり行動経済学者であるダン・アリエリーは、著書『ずる 噓とごまかしの行動経済学』(櫻井祐子訳/ハヤカワ・ノンフィクション文庫)の中で自己シグナリングというコンセプトについて説明している。私たちは、自分が思っているほど自分をよくわかっておらず、自分自身のことを、他者を判断するのと同じように判断している、という考え方だ。この理論に従えば、自分が何者かを決めるのは、自分が実際にしてきた行動、すなわち心ではなく体ということになる。

この関係性こそが、〝習慣はアイデンティティから生じ、アイデンティティは習慣が形作る〟ということの本質だ。私は従来、例えばダイエットをしようとしたとして、自分のアイデンティティは変えずに、行動だけを変えようとして失敗していた。大好きなクッキーが目の前にあるとき、我慢するということだけを決め、他はそのままである。その場合、私のアイデンティティは、「クッキーは大好きだが我慢している人」のままで変わらない。だが、アイデンティティが変わらなければ、習慣は身に付かず、人はいつしか本来の行動に戻ってしまう。

そうではなくて、行動を本当に変えたいのであれば、私はアイデンティティを変えなければならない。私は「クッキーを食べない人」だ、という自己認識をするのだ。その結果として、実際に、クッキーを食べない、という習慣が生まれ、その行動が続いていくのだ。

多くの人は、自分が自分でなくなることに恐怖を覚えるものだと思う。アイデンティティとは自己同一性と訳されることが多いが、自分は何者なのか、という問いへの答えでもある。だから、アイデンティティを変えるということは、自分が別人になることに感じられるかもしれない。となれば、自分を変える、ということはある種の自己洗脳だ。洗脳されたい人というのは、あまりいないだろう。

だが実際、どれだけ嫌でも人は変わっていくものだ。変化は避けられないもので、現実から目をそらしていても、何も始まらない。そうするよりは、自ら覚悟を決めて、良い方向に変わろう、と決意した方がよほど生産的で、ものごとを前向きに進められる。

それに、アイデンティティを変えるといっても、洗脳装置に頭を突っ込む必要はない。先ほどから述べているとおり、ただ習慣と、それに基づく行動を変えるだけである。ただし、自分が自分のまま行動を変えるのではなく、自分はこういう行動をする人間に変わっていくんだ、という自己意識を持ったうえで実際に習慣化をしていかなければならない。そうした過程を経ることで、人はより望ましい行動と習慣の形成を通じて、より望ましい自分を目指すことができる。

人は、自分で思っているほど自分のことをわかっていない

自己シグナリングという考え方に代表されるように、人は自分のことを思っているほど

わかっていないということの重要さは、いくら強調しても足りないくらいである。先述の尻ぶつかり効果もそうだし、本書で挙げた、会社にビジョンがないと言っていたリーダーもそうだった。家庭内で資本主義を持ち出そうとする夫や妻にも、多く見られる傾向だと思う。

人は無意識に自分を解釈し、妥当に見える結論を出してしまうものだ。それは無数の情報を処理するうえで必須の、効率化のための仕組みであり、そうでなければ情報の解釈のたびに悩み、何もできなくなってしまうだろう。問題は、しばしばその解釈が間違っていることである。

それが、なぜ店を出たのかといった些細なことなら気にしなくていい。というか、そのレベルで悩んでいたら、それこそ考えすぎで思考を前に進められなくなるだろう。そうではなくて、結婚や就職、転職や起業などの人生の重要な岐路に立ったときに、今考えていることや理由づけ、自分の嗜好だと思っていることは本当に正しいか、と一歩止まって考えることが重要だと思う。

それで思い出したのが、夜型の友人の話だ。研究によれば、人によって集中できる時間帯というのは違うそうで、朝に調子がいい人もいれば、夜になると調子が上がってくる人もいる。そしてそれは、遺伝子によって多くが決められているそうだ。加齢によって後天的に変わってくることもあるらしいが、仕組みはさておき、多くの人は自分に調子がいい時間帯があるというのは事実である。試しに、友人に向かってあなたは朝型か夜型かと尋ねると、たいていの場合どちらかの答えが返ってくる。

ただ私が困惑したのは、夜型を自称する友人のほとんどが、単に夜ふかしの癖があるだけだったということだ。それでは夜型かどうかなんて確かめようがないと思うのだが、彼らは夜遅くまで起きて、朝遅くまで寝るという習慣を繰り返し、そのことをもって自分は夜型だ、と思い込んでいるように見えた。そんな生活をしていれば朝眠いのは当たり前だ。体質以前に睡眠不足で、偶然早起きしたときがあっても、生産性など高いわけがない。これから何十年と生きていくのだから、例えば2週間くらいは早起きを続けてみて、自分の体質を確認する方が合理的だと思うのだが、なぜか彼らはかたくなにそれをしない。これこそがまさに、習慣がアイデンティティを形成している一例と言えるだろう。

まあ、それで私が損するわけでもないからどうでもいいのだが（この話題になるたびに「私は夜型だから」とドヤ顔で言われるのに辟易するくらいだ）、人の自己認識というのはその程度のもので、他人から見たら見当違いの解釈をしていることだって珍しくはない。きっと、私にもそういう部分は数多くあるのだろう。だからこそ、自らを客観視し、合理的な解釈に努めることで、得する機会はあふれているように思う。

それはそれとして、自己責任思考でいると得することが多い

多少それたが話を戻すと、私は世の中を確率モデルで解釈したうえで、日々の行動を、期待値を上げるための試行の繰り返しとしてとらえている。もう少し厳密な表現をすると、期待値を上げるための試行として期待値が高いだろうと期待する試行の繰り返し、である（なぜなら、ある試行によって本当に結果の期待値が上がるかどうかは、厳密にはわからないため）。

期待値について改めて説明すると、前述のとおり、乱数によって報酬が決定される場合において、各報酬とそれぞれの確率の加重平均である。前の章ではサイコロを振ってお金を得したり損したりするゲームについて考えたが、この世のあらゆるものはこれに近い挙動をしている、と私はみなしている。疲れ果てた状態で家に帰って、走りに行けるかどう

かも確率によって決まる。あなたがビジネスパーソンなら、来期末における昇進や待遇の向上について考えるのもいいだろう。自分の仕事をこなすだけでなく、上司や同僚を手伝い、あるいはチームの成果のために尽力することで、昇進の確率は上げられるのではないだろうか。

さらに言えば、そのメカニズムを理解することもまた重要なことである。昇進はどのような力学で決まるだろうか。誰が意思決定をするのだろうか。仮に課長が申請して部長が承認するようなフローであったとすると、今度は課長や部長の頭の中を想像する必要がある。もしかしたら、部長は課長の出してきたものを、ほぼノーチェックで通しているかもしれない。その場合、働きかける相手は課長であり、部長は意識しなくていい。

あるいは、課長が何を出しても部長が突き返していて、課長はもう部下の昇進を申請したくないと考えているかもしれない。それならば、部長からの評価を上げ、部長があなたの昇進を承認するだろう確信さえ持てれば、課長は特に抵抗なく昇進の申請を出してくれるかもしれない。それぞれの場合において、課長や部長とどのようなコミュニケーションをするかは変わってくる。

自分が昇進できないと感じているときに、「わかってくれない上司が悪い」といったように理由を外部に押しつけるのではなく、裏にあるメカニズムを理解して適切な働きかけができていない自分が悪い、と考えた方が健全であると私は思う。そうすれば、じゃあ解決のためにどうすればいいか、という前向きな思考も発生し、成功や失敗を通じて、世の中を解釈するためのモデルの精度も向上していく。

無論、中には本当に理不尽な人や環境もあるので、そうしたときは自分を責め続けるのではなく、距離を置いた方がいい。だが、少なくとも環境のせいにし続けて行動を起こさないのでは、何も変わらない。

あなたにとっての自明の理も、不都合ならば無視される

「あの人は間違っている」「こんな仕打ち、許されるはずがない」と思うことはないだろうか。自分は品行方正に生きているつもりでも、常識や道理から外れた人の行動で、不利益を被ることは珍しくない。

例えば、あなたの家の前にごみ捨て場があるとしよう。さらに、町内に住んでいる人が分別しないせいで、自分の家の前で回収されずに置き去りになっているごみに悩まされているとする。夏場だと、においもして大変不快な思いをするだろう。何度注意してもその人はごみを混ぜて出してきて、なのに嫌な思いをするのは当人ではなくあなたである。こんなこと、許されるはずがない。

許されるはずはないし、完全に向こうが悪いと思うのだが、声高に先方の非をあげつらっていれば、それを正してくれる正義の使者が現れて、相手を成敗してくれるわけでもない。では、町内の誰かに会うたびに愚痴っていれば、いつか何かがうまく転がるだろうか。そういうこともあるかもしれないが、たいていは「大変ね〜」と言われるだけで終わりである。むしろ、ずっとぐちぐち言っている陰気で厄介な人、というレッテルを貼られる場合すらある。

不利益を改善したいなら、自分が解決に向けたアクションをしなければならない。なぜ、正しいのは自分なのに、間違った行いをする他人のために時間やお金といったコストを払わなければならないのか、と思う。理不尽であるし、そんな世の中はおかしい。だが、困っているのは自分なのだから、アクションをする方が得である。

改善策はいくつか思いつく。私がその立場なら、黙って引っ越すだろう。だが、金銭的な問題だったり、持ち家だったりで、容易に引っ越しできない事情もあるかもしれない。その場合は、分別が行われなかった日とごみの内容をデータとして記録して残し、町内会や自治会に相談するという手もある。しかし、分別をしない隣人が地域の有力者で、誰も味方についてくれないかもしれない（そういう立場で便宜を図ってもらえる人だからこそ、ルール破りが常態化しているのかもしれない）。そうであるならば、簡易裁判所で調停を申し立て、第三者を入れて話し合いをすることもできる。功を奏しない場合は、最終的に、ごみの排出を差し止める訴訟も可能である。実際にそれで、差し止めが認められた事例もあるという。[*6-1]

なぜ、ごみの分別をしないという非常識な人間がいるせいで、自分がそんな七面倒くさいことをしなければならないのだ、と思うかもしれない。至極まっとうな考えである。それがなぜかといえば、自分以外の誰も、自分のために闘ってはくれないからである。あなたが不利益を被っていても、それを主張すれば道理を正してくれる人がいるわけではない。状況を変えられるのは、あなたしかいないのである。

＊6－1 https://www.shinginza.com/db/01546.html

一つだけ補足すると、私は政治活動やデモを否定しているわけではない。国民主権の国で、民意が反映される政治において、他の国民に自分の考えを伝えるという立派な活動である。今回の件でも、町内会に味方を増やして、分別をしない人に圧力をかけるという方法だって立派な問題解決の一つである。私が言いたいのは、行動せずに文句を言っていても始まらないよね、というその一言である。

他人を変えるより、自分の行動を変える方が早い

こう言ってはなんだが、人はそう簡単に変わらない。逆に、変わったらそれはそれで怖いし、他人を信用できなくなるだろう。

もちろん少数の例外もある。過去に私が採用したプログラマーの1人は、入社後に自己中心的な言動が目立ち、周囲から振る舞いへの苦情もあって、私も扱いに困っていた。ところが、あるマネージャーの下で2、3年働いた結果、彼は立派なリーダーとなって皆を

率いるようになった。本人曰く、そのマネージャーが背中であるべき姿を見せてくれたとのことだったが、本当に人が変わったようで、目をきらきら輝かせて夢を熱く語り、周囲からの信頼も勝ち得て、仕事の成果も桁違いになっていた。そもそも誰かの性格が変わるのが必ずしもいいこととは限らず、だからこれは個人的な感想なのだが、それでも彼が職業人として立派に成長したことがうれしく、同時に己の不明を恥じたものだ。

しかしこうした例は、非常に少数の例外である。だいたいの人は、変わらないし変わろうともしない。嫌な奴はずっと嫌な奴だし、幼稚な人はずっと幼稚だし、理屈っぽい人はずっと理屈っぽい。

だが、そうした人はあなたや私にとって望ましくないかもしれないが、本人としてはそう生きたくて生きているし、そうした姿で周囲の人から愛されているだろうので、それをこちらの都合で責めたり変えさせようとしたりするのはお門違いもいいところである。それに私たちだって、周囲から同じように思われて生きているに違いない。それを自分の都合で誰かに変わってもらおうだなんて、自分勝手もいいところではないか。

より良く生きたいなら、まずは自分が変わるべきだ。その方が楽だし合理的である。自分なら容易にコントロールできる、などとは口が裂けても言えないが、他人と比べてコントロールの余地があるのは確かである。何か気に食わなかったり不都合なことがあったりする場合や、あるいはもっと前向きに、望ましい将来に向かって一歩を踏み出したいのであれば、他人に期待するのではなく、自分から行動していくべきである。

日本では、成功者をうらやむよりも、ねたむ風潮の方が強いように感じられる。別にうらやむべきだとは思わないのだが、勝者を賞賛し、自分もそれに続こうという姿勢の方が、あいつがあの地位にいるのは運が良かっただけだ、とうそぶくよりもよほど好ましい。確かに、成功者の多くが「自分は運が良かっただけだ」と言っているのを耳にする。私自身、自分の成功についてはそう思っている部分が大きい。だが、それを本人でなく他人が言うのは違うと思う。

Netflixで数年前から流行っている番組の一つが、トーナメント形式のリアリティーショーだ。料理、ファッション、バーベキュー、家のリフォーム、菓子作りなど、多様なジャンルで世界中から挑戦者が集まり、1位の称号を目指すといった内容である。毎回、審査員によってテーマが決められ、それに沿った作品を作り、審査員からのフィードバックを受け、その日の脱落者が1人決まる。最初は10人くらいの参加者で競い合うのだが、毎回脱落候補の2人が選び出され、このうちのどちらかが今日、この場を去るといった調子で番組を盛り上げる。それが最後の1人になるまで繰り返されていく。

非常に面白い形式だと思うが、私が見ていて特に驚いたのが、敗者の態度だ。日本で同じような番組を作った場合、脱落を言い渡された敗者は、その場で崩れ落ち、悲嘆に暮れ、悔しさに震えるだろう。だが、Netflixの番組ではいずれも、敗者は満面の笑みで勝者を称え、ハグし、対戦相手の素晴らしさを強調してからその場を去っていった。

それが全て本心ではないと思うし、内心では審査員の見る目のなさに怒り狂っている人もいただろう。重要なのは、社会的にどう振る舞うのがあるべき態度か、ということを彼ら全員がわきまえていることである。思いの強さを示すために悲しみに暮れてもいい、といった規範ではなく、彼らは勝者を称えるのが当然だという共通の認識に基づいて振る舞っていた。これは大きな文化的な差だと思う。直接対決で負けた、世界で最も悔しいだろう敗者ですらそうなのである。SNSやニュースで成功者を目にした者がねたむなど、何をか言わんや、だ。

文化というのは良し悪しで判断できるものではない。だが、少なくとも特定の行動を強化する側面はあると思う。それに繰り返し言っているとおり、アイデンティティは習慣や行動によって規定される。成功者をねたみ、ひどい場合には中傷するような行為は、自分を成功から遠ざけるだけである。無論、思ってもないおべんちゃらを発信する必要はない。良くないと思っていることは良くないでいい。しかし、欠点探しを常態化させるのではなく、相手のいいところを見出すような習慣は、翻って自分のためになるだろう。

おわりに　大切なのは、自分の人生を一生懸命生きること

つらつらと、今の世の中に対して思うことを書いてきた。たいていは他愛のない世間話のようなものだが、少しでも参考になり、今日からの行動を変えようと思ってもらえることがあれば、これに勝る喜びはない。文章を通じて読者に訴えかけたいと思うのは、小説家の性である。

ところで普段、私もSNSを見るが、大バズりしているビジネス分析が、業界人からすれば全くの的外れであることは珍しくもない。だが、私や、他に正しい見識を備えている人は、わざわざそれを正そうとはしない。そんなことをする理由がないからである。承認欲求は別で満たされているし、ようわからん知らない人にからまれても面倒だし、第一見知らぬ人々の誤解を正したところで、何も得がない。そうしたポストは「なるほど、巷の人から見るとそういう解釈になるのか」と一般的なメンタルモデルを推定する助けにはなるが、それを見て「はえー、そうなんだ」と感心しているようでは、本当の答えからは遠

ざかるばかりだ。

経営者は情報の発信というものに大変気をつかうので（インサイダー情報をはじめとして、しゃべってはいけないことがいろいろある）、余計なことは言わない、というのが私の基本スタンスだ。何を言ってよく、何を言ってはいけないかを判断しながら話すのは面倒だから、SNSなんかで何かをつぶやくのはリスクでしかない。

なので私も放っておけばいいのだが、そうは言っても誤った言説が広まっているのを見ると、だんだんともやもやがたまっていく。そうした鬱屈《うっくつ》した気持ちの蓄積こそが、この本を書いた直接のきっかけなのかもしれない。

そんなことに気を取られているのはもったいないので、だからこれは自分に向けた言葉でもあるのだが、一番大切なのは、今、目の前のことに一生懸命集中することである。

ネット上の口論に勝つことは、あなたを幸せにしてくれない。成功者の陰口を言ったり、芸能人のスキャンダルを叩いたりすることで、溜飲は下がるかもしれないが、自分の生活が何か変わるわけではない。むしろ、そうしたことで満足してしまっているようでは、本来向き合うべき仕事に対するエネルギーや、向上への渇望を失ってしまうように思える。

全ての人が資本主義の競争に参加し、貪欲《どんよく》に勝利を目指すべきとは思わない。例えば大草原に建てた白い家に住んで、大きな犬を飼うという目標だって、本当に素敵だ。全ての夢は尊く、夢に向かって前向きに進むことは素晴らしい。

あなたに冷笑は似合わない。夢を掲げ、周囲の雑言には不敵な笑みを返し、前進し続ける方がよほどいい。そうするならば、我々は仲間だ。ろくでもない連中の一時的な憂さ晴らしなんか、気にするのはやめよう。本当に大切なことは、青白く光るディスプレイのこちら側、手の届く場所にある。

あなたの旅路が、前に向かって伸びていることを祈っている。

山田　尚史

2025年2月

山田尚史（やまだ・なおふみ）

神奈川県横浜市出身。1989年生まれ。開成中学校・高等学校を卒業後、東京大学理科一類から工学部に進学、松尾研究室でAI技術を学ぶ。2011年、ソシデア知的財産事務所に入所。12年、株式会社AppReSearch（現PKSHA Technology）を設立し、同社代表取締役に就任。21年6月よりマネックスグループ取締役、22年4月より同社取締役兼執行役。23年10月に「第22回『このミステリーがすごい!』大賞」大賞を『ファラオの密室』（宝島社）で受賞。

きみに冷笑は似合わない。

SNSの荒波を乗り越え、AI時代を生きるコツ

2025年3月5日　1版1刷
2025年3月25日　2刷

著者　山田尚史

発行者　中川ヒロミ
発行　株式会社日経BP
日本経済新聞出版
発売　株式会社日経BPマーケティング
〒105-8308 東京都港区虎ノ門4-3-12
デザイン　小口翔平＋畑中茜＋青山風音（tobufune）
DTP　マーリンクレイン
印刷・製本　シナノ印刷

ISBN978-4-296-12039-0
Printed in Japan

本書籍に関するお問い合わせ、ご連絡は下記にて承ります。
https://nkbp.jp/booksQA